Thomas Herzog

Kauf und Verkauf von KMU in der Schweiz

Thomas Herzog
Dr. iur., Rechtsanwalt

Kauf und Verkauf von KMU in der Schweiz

Ein Leitfaden

DIKE

Bibliografische Information der ‹Deutschen Bibliothek›.
Die Deutsche Bibliothek verzeichnet diese Publikation in der Deutschen Nationalbibliografie;
detaillierte bibliografische Daten sind im Internet über ‹http://dnb.ddb.de› abrufbar.

Alle Rechte, auch des Nachdrucks von Auszügen, vorbehalten. Jede Verwertung ist ohne
Zustimmung des Verlages unzulässig. Das gilt insbesondere für Vervielfältigungen, Übersetzungen, Mikroverfilmungen und die Einspeicherung und Verarbeitung in elektronische
Systeme.

© Dike Verlag AG, Zürich/St. Gallen 2013
  ISBN 978-3-03751-524-2

www.dike.ch

Vorwort

Ziel des Leitfadens zum Kauf und Verkauf von KMU in der Schweiz ist, den potentiellen Verkäufern und Käufern von KMU einen möglichst leicht verständlichen Überblick zu allen in diesem Zusammenhang wesentlichen Problemstellungen zu verschaffen. Den Adressaten soll damit eine möglichst vollständige und praxisorientierte Gesamtschau auf der Grundlage von Gesetz, Rechtsprechung und Lehre sowie Praxis mit Stand per 1. Januar 2013 ermöglicht werden. Die berücksichtige Gesetzgebung umfasst in einem weiten Umfang auch die handelsrechtlichen und steuerrechtlichen Spezialgesetze, soweit sie beim Kauf und Verkauf von in der Regel nicht kotierten KMU überhaupt von Bedeutung sind, wie beispielsweise das Fusionsgesetz.

Die Publikation behandelt etwas vertiefter das in der Praxis recht häufige Management Buy-out (MBO) und bleibt im Übrigen im Rahmen einer breiten Gesamtdarstellung des Themas an der gebotenen Oberfläche. Die Benutzer des Leitfadens werden deshalb bei Spezialproblemen nicht umhinkommen, Spezialliteratur oder Spezialisten als Berater beizuziehen. Eine breitere und insbesondere eine durchwegs vertiefende Darstellung der rechtlichen und betriebswirtschaftlichen Problemstellungen würde den Rahmen eines Leitfadens dieses Umfangs sprengen und das Ziel verfehlen, die Adressaten möglichst umfassend in die wesentlichen Problemstellungen einzuführen oder hierfür zumindest zu sensibilisieren.

Das Buch hat sein Ziel erreicht, wenn es die potentiellen Verkäufer und Käufer von KMU in der Schweiz möglichst mühelos an das durchaus anspruchsvolle Thema heranführen kann.

Basel/Binningen im Januar 2013   Thomas Herzog

Inhaltsverzeichnis

Literaturverzeichnis	11
Rechtsquellenverzeichnis	13
Abkürzungsverzeichnis	15
§ 1 Ausgangslage	17
1. Adressatenkreis	17
2. Eingrenzungen	17
3. Motive	18
§ 2 Kaufgegenstand	20
1. Betriebsnotwendiges Vermögen	20
2. Nicht betriebsnotwendiges Vermögen	20
§ 3 Wert des Unternehmens	23
1. Bewertung	23
a) Due Diligence	23
b) Mittelwert- oder Praktikermethode	25
c) DCF-Methode	29
d) Goodwill	30
2. Vereinbarung	32
§ 4 Vertragsverhandlungen	34
1. Offenlegungen	34
2. Haftung	35
3. Absichtserklärung und Vorvertrag	36
§ 5 Kauf und Verkauf von Aktiven und Fremdkapital («Asset-Deal»)	37
1. Grundsätzliches	37
2. Stille Reserven	38

§ 6	**Kauf und Verkauf von Beteiligungsrechten («Share-Deal»)**	43
1.	Beteiligungsrechte	43
2.	Übertragung	43
	a) Aktiengesellschaft	43
	b) Gesellschaft mit beschränkter Haftung	44
	c) Genossenschaft	45
	d) Personengesellschaften	46
§ 7	**Drittwirkung durch Verträge oder Gesetz**	48
1.	Change-of-Control-Klauseln	48
	a) Arbeitsverträge	48
	b) Lizenzverträge	49
	c) Weitere Verträge	49
2.	BVG	50
§ 8	**Besondere Käufe**	53
1.	Management Buy-out (MBO)	53
	a) Ausgangslage	53
	b) Kauf	55
(Beginn Exkurs betreffend steuerrechtliche und zivilrechtliche Folgen)		56
A	Steuerrechtliche Folgen	56
	a) Finanzierungsverhältnis	56
	b) Teilliquidationstheorie	57
	c) Transponierungstheorie	59
	d) Gesetzgebung zur indirekten Teilliquidation und Transponierung	61
	e) Kauf eines ausländischen Unternehmens	62
B	Zivilrechtliche Folgen	63
	a) Ausgangslage	63
	b) Bankdarlehen zulasten der Betriebsgesellschaft	63
	c) Bankdarlehen zulasten der Beteiligungsgesellschaft (Holdinggesellschaft)	65
	d) Interessenkonflikte	66

(Ende Exkurs betreffend steuerrechtliche und zivilrechtliche Folgen) 67
C Strafrechtliche Schranken 67
  a) Vorbemerkung 67
  b) Ungetreue Geschäftsbesorgung 67
  c) Insiderhandel 68
2. Fusion 68
  a) Vorbemerkungen 68
  b) Fusion von KMU 70

§ 9   Beschränkungen bei Unternehmenskäufen 72
1. gesetzlich 72
  a) Kartellgesetz 72
  b) Börsengesetz 73
  c) Strafgesetzbuch 73
  d) Patentgeschützte Tätigkeiten 74
2. Statutarisch 75
  a) Vinkulierung 75
  b) Wichtige GV-Beschlüsse 76
3. Vertraglich 77
A Aktionärsbindungsvertrag 77
  a) Kaufrechte 78
  b) Form der Übertragung 79
  c) Konkurrenzverbote 79
B Erbvertrag 79

§ 10   Steuerfolgen 81
1. Direkte Steuern 81
2. Indirekte Steuern 82
A Emissionsabgabe 83
  a) Begründung neuer Beteiligungsrechte 83
  b) Umstrukturierungen 83
  c) Mantelhandel 84
B Umsatzabgaben 84

C	Mehrwertsteuer	84
	a) Share-Deal	84
	b) Asset-Deal	85

§ 11 Erfüllung und Nichterfüllung — 86
1. Verzug des Käufers — 86
2. Verzug des Verkäufers — 86
3. Rechtsgewähr — 86
4. Sachgewähr — 87
5. Mängelrüge — 90
6. Verjährung der Gewährleistung — 91
7. Verwirkung der Gewährleistung — 91

§ 12 Kosten — 92
1. Interne Kosten — 92
2. Externe Kosten — 92

Stichwortverzeichnis — 95

Literaturverzeichnis

Aargauische Kantonalbank, Herausgeberin, Renggli Karl, Redaktion, Unternehmungsbewertung Was ist meine Firma wert?, Aarau 2008 (auch als PDF unter www.akb.ch)

Alberti Claudia, Der Goodwill beim Unternehmenskauf – Entstehung, Bilanzierung und Bewertung sowie Gestaltungsmöglichkeiten, Studienarbeit, 1. Auflage, Norderstedt 2004

Blumenstein Ernst/Locher Peter, System des Steuerrechts, Zürich, 1992

Böckli Peter, Schweizer Aktienrecht, Zürich-Basel-Genf, 2004

Boemle Max, Unternehmungsfinanzierung, 10. Auflage, Zürich 1993

Boemle Max/Lutz Ralf, Der Jahresabschluss, 5. Auflage, Zürich, 2008

Handschin Lukas, Gesellschaftsrecht in a nutshell, 2. Auflage, Zürich/St. Gallen 2012

Handschin Lukas, Rechnungslegung im Gesellschaftsrecht, Basel 2013

Helbling Carl, Personalvorsorge und BVG, Gesamtdarstellung der rechtlichen, betriebswirtschaftlichen, organisatorischen und technischen Grundlagen der beruflichen Vorsorge in der Schweiz, 7. Auflage, Bern, Stuttgart, Wien, 2000

Helbling Carl, Unternehmensbewertung und Steuern, 9. Auflage, Düsseldorf, 1998

Herzog Thomas, Funktion und Verfassungsmässigkeit der Vermögenssteuer, Basel, 1985

Honsell Heinrich, Vogt Nedim Peter, Wiegand Wolfgang, Herausgeber, Kommentar zum Schweizerischen Privatrecht, Obligationenrecht I, Art. 1–529 OR, 5. Auflage, Basel 2011 (zit. Basler Kommentar)

Kunz Peter V., Der Minderheitenschutz im schweizerischen Aktienrecht, Bern, 2001

Meyer Conrad und Moosmann Rolf, Herausgeber, Kleiner Merkur, Band 2: Betriebswirtschaft, 5. Auflage, Zürich 1995

Meyer Conrad und Moosmann Rolf, Herausgeber, Kleiner Merkur, Band 2: Betriebswirtschaft, 6. Auflage, Zürich Basel Genf, 2005

Meyer Simon, Vendor Due Diligence beim Unternehmensverkauf Begriff, Rechtsbeziehungen, Haftung, Diss., 1. Auflage, Zürich/St. Gallen, 2013

Ruggli Monika und Vischer Markus, Konkurrenzverbote in Unternehmenskaufverträgen, in SJZ 102 (2006) Nr. 13, S. 294 ff.

Literaturverzeichnis

Schweizerische Eidgenossenschaft, Herausgeberin, KMU Portal, Unternehmensbewertung und Preisbildung, publiziert unter www.kmu.admin.ch/themen

Stockar Conrad, Übersicht und Fallbeispiele zu den Stempelabgaben und zur Verrechnungssteuer, Therwil/Basel, 2006

Tschäni Rudolf, Unternehmensübernahmen nach Schweizer Recht, Ein Handbuch zu Übernahmen, Fusionen und Unternehmenszusammenschlüssen, 2. Auflage, Basel und Frankfurt am Main, 1991 (zit. Rudolf Tschäni, Unternehmensübernahmen)

Tschäni Rudolf, M&A-Transaktionen nach Schweizer Recht, Zürich, Basel, Genf, 2003

Verlag Finanz und Wirtschaft AG (Herausgeber), GUIDE Begriffe der Finanzwelt, 11. Auflage, Zürich, 2011

Zbinden Nicolas, Aufgepasst bei Betriebsübertragungen, in TREX L'Expert Fiduciaire – Der Treuhandexperte, 1/2012, S. 16 ff.

Rechtsquellenverzeichnis

Bundesgesetz über die berufliche Alters-, Hinterlassenen- und Invalidenvorsorge (BVG) vom 25. Juni 1982 (zit. BVG)

Bundesgesetz über die Börse und den Effektenhandel vom 24. März 1995 (zit. Börsengesetz, BEHG)

Bundesgesetz über die direkte Bundessteuer vom 14. Dezember 1990 (zit. DBG)

Bundesgesetz über die Freizügigkeit in der beruflichen Alters-, Hinterlassenen- und Invalidenvorsorge (FZG) vom 17. Dezember 1993 (zit. FZG)

Bundesgesetz über Fusion, Spaltung, Umwandlung und Vermögensübertragung vom 3. Oktober 2003 (zit. FusG)

Bundesgesetz über die Harmonisierung der direkten Steuern der Kantone und Gemeinden vom 14. Dezember 1990 (zit. StHG)

Bundesgesetz über die Kartelle und andere Wettbewerbsbeschränkungen vom 6. Oktober 1996 (zit. KG)

Bundesgesetz über die Mehrwertsteuer vom 12. Juni 2009 (zit. MWSTG)

Bundesgesetz über die Stempelabgaben vom 27. Juni 1973 (zit. StG)

Bundesgesetz über die Verrechnungssteuer vom 13. Oktober 1965 (zit. VStG)

Bundesratsbeschluss betreffend die Massnahmen gegen die ungerechtfertigte Inanspruchnahme von Doppelbesteuerungsabkommen des Bundes vom 14. Dezember 1962

Gesetz über die direkten Steuern (Steuergesetz) des Kantons Basel-Stadt vom 12. April 2000

Kreisschreiben Nr. 29 der Eidgenössischen Steuerverwaltung vom 9. Dezember 2010

Loi sur l'imposition des personnes physiques du Canton de Genève du 27 septembre 2009

Schweizerisches Obligationenrecht vom 30. März 1911 (zit. OR)

Schweizerisches Strafgesetzbuch vom 21. Dezember 1937 (zit. StGB)

Schweizerisches Zivilgesetzbuch vom 10. Dezember 1907 (zit. ZGB)

Steuergesetz des Kantons Zürich vom 8. Juni 1997

Wegleitung zur Bewertung von Wertpapieren ohne Kurswert für die Vermögenssteuer, Kreisschreiben Nr. 28 vom 28. August 2008, herausgegeben von der Schweizerischen Steuerkonferenz und der Eidgenössischen Steuerverwaltung

Abkürzungsverzeichnis

Abs.	Absatz
Anm.	Anmerkung
Art.	Artikel
Aufl.	Auflage
Bd.	Band
BGE	Entscheidungen des Schweizerischen Bundesgerichts
BV	Bundesverfassung
bzw.	beziehungsweise
d.h.	das heisst
Diss.	Dissertation (Doktorarbeit)
f.	folgende
ff.	und folgende
FN	Fussnote
Hrsg.	Herausgeber
lit.	Litera
MWSTG	Bundesgesetz über die Mehrwertsteuer
Nr.	Nummer
OR	Obligationenrecht
RN	Randnummer
RZ	Randziffer
S.	Seite
StG	Stempelgesetz
StGB	Schweizerisches Strafgesetzbuch
Tab.	Tabelle
u.a.	untere anderem
vgl.	vergleiche
v.a.	vor allem
z.B.	zum Beispiel
ZGB	Schweizerisches Zivilgesetzbuch
Ziff.	Ziffer
zit.	zitiert

§ 1 Ausgangslage

1. Adressatenkreis

Die vorliegende Darstellung des Kaufs und Verkaufs von KMU (Klein- und Mittelunternehmen) in der Schweiz ist als Leitfaden gedacht. Der Leitfaden beschränkt sich auf diejenigen Punkte, die in der Praxis des Unternehmenskaufs wesentlich sind. Zur umfassenden Darstellung des Kaufs und Verkaufs von Unternehmen wird auf die respektiven Monographien verwiesen. Es handelt sich somit um eine Einführung in die Problematik für Betroffene, sei es als Käufer oder Verkäufer. Der Adressatenkreis wird weiter eingegrenzt, indem lediglich die Käufer oder Verkäufer von inländischen KMU angesprochen werden. Nachfolgend wird anstelle von KMU synonym auch Unternehmen oder präziser inländisches Unternehmen verwendet.

Die Bezeichnung Käufer und Verkäufer schliesst die Käuferinnen und Verkäuferinnen ein. Überhaupt werden sämtliche respektive Bezeichnungen geschlechtsneutral und der Einfachheit halber allein die männlichen Bezeichnungen verwendet.

2. Eingrenzungen

Der Leitfaden beschränkt sich ferner auf den Kauf und den Verkauf von privat gehaltenen KMU. Die besonderen Problemstellungen beim Kauf von Grossunternehmen, an der Börse kotierten Unternehmen, von grenzüberschreitenden Käufen von KMU oder gar von nationalen oder internationalen Konzernen wird nicht behandelt. Immerhin wird bei der Abgrenzung von KMU und übrigen Unternehmen hin und wieder ein Seitenblick auf die Problemstellungen der übrigen Unternehmen geworfen, die nicht zum Kreis der schweizerischen KMU gehören.

Unter KMU werden in diesem Leitfaden diejenigen Unternehmen verstanden, die ungeachtet der Rechtsform keiner ordentlichen Revision ihrer Jahresrechnung (Bilanz, Erfolgsrechnung und Anhang) im Sinne von Art. 727 Absatz 1 Ziffer 1 OR (Schweizerisches Obligationenrecht) unterstehen. Dazu gehören Unternehmen, die ihre Beteiligungspapiere nicht an der Börse kotiert, keine Anleihensobligationen ausstehend haben und nicht mindestens einen Fünftel der Aktiven oder des Umsatzes zu einer Gesellschaft beitragen, die an der Börse kotiert ist oder Anleihensobligationen ausstehend hat. Die Grösse des Unternehmens ist indes im Gegensatz zu den weiteren Voraussetzungen der Revisionspflicht nach Art. 727 Absatz 1 Ziffer 2 OR kein Grund zur Eingrenzung, ebenso wenig wie die Organisation als schweizerischer Konzern im Sinne von Art. 727 Absatz 1 Ziffer 3 in Verbindung mit Art. 663e OR mit der Verpflichtung zur Erstellung einer Konzernrechnung.

Der Leitfaden behandelt also den Kauf und Verkauf von privatrechtlich organisierten Unternehmen gleich welcher Branche, die zwar durchaus sowohl national als auch international tätig, aber allein nach schweizerischem Recht errichtet sind. Privatrechtlich organisierte Unternehmen sind solche, die auf Statut oder Gesellschaftsvertrag beruhen. Ausgeschlossen sind demnach Unternehmen, die auf Gesetz beruhen, also Unternehmen des öffentlichen Rechts (beispielsweise Die Schweizerische Post oder Schweizerische Nationalbank).

Der Leitfaden behandelt die erbrechtliche Nachfolge im Unternehmen nicht, da es sich dabei um keinen Kauf und Verkauf derselben handelt. Ferner werden in diesen Fällen spezifisch erbrechtliche und erbschaftssteuerrechtliche Fragen aufgeworfen, die nicht Gegenstand dieses Leitfadens sind und dessen Umfang sprengen würden. Demgegenüber stehen im Rahmen der Nachfolge durch Aussenstehende die Käufe und Verkäufe von Unternehmen u.a. durch leitende Mitarbeiter, das sogenannte Management Buy-Out (MBO), durchaus im Fokus dieses Leitfadens.

3. Motive

Die Motive zum Kauf und Verkauf von Unternehmen sind vielfältig. Anstoss zum Verkauf gibt oft der anstehende Generationenwechsel oder die bevorstehende kostenintensive Neuausrichtung des Unternehmens, die betrieblich oder wirtschaftlich bedingt und für den Weiterbestand unausweichlich ist. Beim anstehenden Generationenwechsel fehlt es entweder an (übernahmewilligen) Nachkommen oder diese sind zwar vorhanden, aber weder fähig noch interessiert zu bzw. an einer Unternehmensnachfolge. Bei der oftmals kostenintensiven Neuausrichtung steht die Frage der erneuten Wagnisfinanzierung und mithin die aufwändige Beschaffung der erforderlichen Mittel im

Vordergrund der Überlegungen, die zu einem Verkauf von Unternehmen führen können. Anstoss zum Kauf geben nicht zuletzt beim MBO die Möglichkeit der Arbeitsplatzsicherung und die Chance der leitenden Angestellten, ihr Schicksal selbst in die Hand nehmen zu können, sowie die Absicht der Marktbereinigung, indem qua Unternehmensübernahme Konkurrenten ausgeschaltet werden können.

Käufer sind also entweder Dritte, die zumeist als Brancheninsider bzw. Konkurrenten Kapital und Wissen selbst bereitstellen können, oder häufig die bisherige Geschäftsleitung des Unternehmens, die wohl über das nötige Wissen, aber oft nicht über die erforderlichen Mittel zur Finanzierung des Kaufpreises verfügt. Das MBO im zweitgenannten Fall kompliziert mit Bezug auf die Finanzierung des Kaufpreises häufig den Verkauf, ist indes im Falle eines entschlossenen und starken Managements in vielen Fällen die einzige zukunftsweisende Lösung des Nachfolgeproblems und dient damit dem Fortbestand eines Unternehmens.

Dieser Leitfaden beabsichtigt im Gegensatz zu einigen anderen, ebenfalls diesem Thema gewidmeten wissenschaftlichen Büchern, nicht, ebenfalls eine streng wissenschaftliche Gesamtdarstellung des Kaufs und Verkaufs von Unternehmen zu liefern. Der Leitfaden will indes durchaus auf wissenschaftlicher Grundlage dem erwähnten Adressatenkreis eine möglichst leicht lesbare und verständliche Darstellung wesentlicher Aspekte zum Kauf und Verkauf von KMU in der Schweiz liefern.

§ 2 Kaufgegenstand

1. Betriebsnotwendiges Vermögen

Unternehmen bilden ihre Rechte (Aktiven) und Verpflichtungen (Fremdkapital) in der Bilanz[1] ab. Die (bilanzierten) Rechte und Pflichten lassen sich unter dem Begriff Vermögen[2] zusammenfassen. Von Interesse ist vorliegend allein das betriebsnotwendige Vermögen. Betriebsnotwendig ist all dasjenige Vermögen des Unternehmens, das dem Gesellschaftszweck unmittelbar dient. In der Praxis besitzen Unternehmen sehr oft auch Vermögen, das dem Gesellschaftszweck nicht (mehr) unmittelbar dient. Kaufgegenstand bildet in aller Regel allein das betriebsnotwendige Vermögen, weshalb das nicht betriebsnotwendige Vermögen vor der Einleitung des Unternehmensverkaufs auszuscheiden ist und mithin beim Verkäufer verbleibt.

Der Wert des Unternehmens bestimmt sich grundsätzlich aus der Differenz zwischen Aktiven und Fremdkapital. Die Differenz entspricht dem buchhalterisch ausgewiesenen Eigenkapital der Gesellschaft. Das rechnerisch ermittelte und betriebsnotwendige Eigenkapital wird bei der Bewertung grundsätzlich dem Substanzwert des Unternehmens gleichgesetzt. Die Bewertung und die Preisfindung zwischen Verkäufer und Käufer berücksichtigen vielfach auch die zukünftige Ertragskraft des Unternehmens. Der sogenannte Ertragswert ergänzt den Substanzwert. Der Substanzwert und der Ertragswert bilden zusammen die Elemente bei der Bewertung und der Preisfindung. Bewertung und Preisfindung der Vertragsparteien berücksichtigen zumeist sowohl Substanz- als auch Ertragswert des Unternehmens.

2. Nicht betriebsnotwendiges Vermögen

Das nicht betriebsnotwendige Vermögen wird ebenfalls in der Bilanz des zum Verkauf anstehenden Unternehmens als Rechte (Aktiven) und zugehörige Verpflichtungen (Fremdkapital) abgebildet. Es belastet indes den Verkauf

---

[1] Boemle Max/Lutz Ralf, Der Jahresabschluss, 5. Auflage, Zürich 2008, S. 61 ff. und 263 ff.
[2] Zum Vermögensbegriff, vgl. Herzog Thomas, Funktion und Verfassungsmässigkeit der Vermögenssteuer, Basel, 1985, S. 23 ff.

des Unternehmens, da es dem Gesellschaftszweck weder unmittelbar und in der Regel auch nicht mittelbar dient. Nicht betriebsnotwendig ist demnach all dasjenige Vermögen, das zur Verwirklichung des Gesellschaftszwecks nicht erforderlich ist. Zum nicht betriebsnotwendigen Vermögen werden beispielsweise die überschüssige Liquidität (oftmals auch als Kriegskasse des Unternehmens bezeichnet), Landreserven und ganz allgemein nicht betriebsnotwendige Mobilien und Immobilien gerechnet. Die Abgrenzung zum betriebsnotwendigen Vermögen ist vor allem beim Umlaufvermögen fliessend und im Gegensatz zum Steuerrecht in der Rechnungslegung weder üblich noch erforderlich[3].

Nicht betriebsnotwendiges Vermögen ist ungeachtet der allfälligen steuerlichen Folgen vor dem Verkaufsentscheid auszusondern. Es ist vom Geschäftsvermögen ins Privatvermögen des oder der Beteiligungsinhaber überzuführen. Die Aussonderung des Geschäftsvermögens in betriebsnotwendiges und nicht betriebsnotwendiges Vermögen ist für den Verkäufer oftmals vorteilhaft. Die Summe der erzielbaren Verkaufserlöse für die beiden separierten Vermögensmassen ist nach der Aussonderung zumeist höher. Höher ist der Wert der ins Privatvermögen überführten nicht betriebsnotwendigen Vermögenswerte auch deshalb, weil bei dieser Überführung vom Geschäfts- ins Privatvermögen über dessen Steuerlatenz abgerechnet wird. Die latenten Steuern belasten die Bewertung bzw. die Preisfindung nicht mehr.

Der Vorteil wird durch die Steuerfolgen der Aussonderung des nicht betriebsnotwendigen Vermögens etwas getrübt. Die Aussonderung in betriebsnotwendiges und nicht betriebsnotwendiges Vermögen lässt sich indes aus mehrfachen Gründen nicht vermeiden. Der Hauptgrund liegt beim Käufer, der zumeist kaum willens ist, mehr Geld in den Kauf des Unternehmens zu investieren als für die Fortführung des Unternehmens notwendig ist. Er zahlt daher nur für das betriebsnotwendige Eigenkapital (Substanzwert) und für den betrieblichen zukünftigen Ertrag des Unternehmens (Ertragswert).

Steuerliche Folgen ergeben sich u.a. aus dem Umstand, dass beim Geschäftsvermögen steuerwirksame Abschreibungen zulässig sind und mithin das Buchwertprinzip gilt. Der Buchwert des Geschäftsvermögens (Aktiven und Verpflichtungen) entspricht daher in der Regel dem historischen An-

---

[3] Boemle Max/Lutz Ralf, Der Jahresabschluss, 5. Auflage, Zürich 2008, S. 294.

§ 2 Kaufgegenstand

schaffungswert minus Abschreibungen. Da im Privatvermögen steuerwirksame Abschreibungen nicht zulässig sind, werden im Rahmen der Überführung von nicht betriebsnotwendigem Geschäftsvermögen ins Privatvermögen die steuerwirksamen Abschreibungen ebenso steuerwirksam rückgängig gemacht.

§ 3 Wert des Unternehmens

1. Bewertung

Eine ausgezeichnete und gut verständliche Darstellung zur Unternehmungsbewertung findet sich in der Publikation der Aargauischen Kantonalbank für die Firmenkunden[4]. Diese Publikation enthält u.a. eine umfassende Darstellung der verschiedenen Bewertungsmethoden, deren Unterschiede sowie Vor- und Nachteile sie anhand eines Musterfalles aufzeigt. Folgende Bewertungsmethoden werden darin behandelt: Substanzwert-Methode, Ertragswert-Methode, Discounted-Cashflow-Methode, Multiples-Methode, Praktiker-Methode und die Bewertung der Eidgenössischen Steuerverwaltung von nicht kotierten Wertpapieren zum Zwecke der Vermögenssteuer.

Der Steuerlatenz auf den stillen Reserven wird im Rahmen der Bewertung des Unternehmens in der Regel vereinfachend dergestalt Rechnung getragen, dass die Steuern zum halben Steuersatz ermittelt und passiviert werden. Der halbe Steuersatz diskontiert die aufgeschobenen oder latenten Steuern auf deren Barwert im Bewertungszeitpunkt. Der Barwert entspricht somit einer rein kalkulatorischen Grösse. Zu den Steuerfolgen im Einzelnen wird insbesondere auf § 10 Ziffer 1 (direkte Steuern) verwiesen.

a) Due Diligence

Die Bewertung des Unternehmens dient der Preisfindung und wird oft externen Büchersachverständigen und Branchenkennern übertragen[5]. Die Bewertung von kleineren Unternehmen wird nicht selten von Verkäufer und Käufer gemeinsam an einen externen Büchersachverständigen übertragen, der bei Bedarf weitere Fachleute und Branchenkenner zuzieht. Die Bewertung von grösseren Unternehmen wird jedoch meistens sowohl vom Verkäufer als auch vom Käufer je an ihre eigenen externen Berater (Branchenkenner, Finanzfachleute, Rechtsberater, Steuerberater, Wirtschaftsprüfer etc.) in Auf-

---

[4] Aargauische Kantonalbank, Herausgeberin, Renggli Karl, Redaktion, Unternehmungsbewertung Was ist meine Firma wert?, Aarau 2008 (auch als PDF unter www.akb.ch).
[5] Meyer Simon, Vendor Due Diligence beim Unternehmungsverkauf, Begriff, Rechtsbeziehungen, Haftung, Diss., 1. Auflage, Zürich/St. Gallen, 2013, S. 36 ff.

trag gegeben. Insbesondere bei der käuferseitig in Auftrag gegebenen Bewertung spricht man häufig von Due Diligence.

Dem Begriff «Due Diligence» nach geht es um die mit der angemessenen Sorgfalt durchgeführte Prüfung des Kaufobjektes; so insbesondere bei Unternehmenskäufen und allgemein bei beabsichtigten geschäftlichen Transaktionen (wie bei der Emission und mithin erstmaligen Ausgabe von Wertpapieren). Ziel der Due Diligence beim Unternehmenskauf ist es, alle vorhandenen Informationen dergestalt auszuwerten, dass die Chancen und Risiken bestmöglich gegeneinander abgewogen sind und dadurch zu einer genaueren Wertermittlung führen. Zusammenfassend deckt die Due Diligence drei wesentliche Bereiche ab: die Informationsfunktion, die Analysefunktion und die Bewertungsfunktion. Ferner dient sie der (internen) Entlastung der Entscheidungsträger gegenüber den Kapitalgebern (Beteiligte und Kreditinstitute als Drittgläubiger).

Die Due Diligence bildet somit die Grundlage der käuferseitigen Bewertung des Kaufgegenstandes, des Unternehmens. Sie kann durchaus mit der allgemeinen Prüfpflicht des Käufers nach schweizerischem Recht in Verbindung gebracht werden. Demgemäss muss der Käufer gemäss Art. 201 Absatz 1 OR, sobald es nach dem üblichen Geschäftsgang tunlich ist, die Beschaffenheit der empfangenen Sache prüfen und allfällige Mängel dem Verkäufer zur Anzeige bringen (Mängelrüge).

Die eigentliche Bewertung folgt folgenden allgemein anerkannten Bewertungsgrundsätzen:

Das Prinzip der Bewertungseinheit gebietet, das Unternehmen als betriebswirtschaftliche Einheit zu bewerten. Die Bewertung erfolgt grundsätzlich zu Fortführungswerten. Soweit das nicht betriebsnotwendige Vermögen nicht vorgängig vollständig ausgeschieden wurde, wird dieses zu Liquidationswerten eingesetzt. Die Liquidationswerte entsprechen dabei den Verkehrswerten, als dem auf dem respektiven Markt mutmasslich erzielbaren Kaufpreis. Die zeitliche Dringlichkeit der Liquidation führt nicht selten dazu, dass der Verkehrswert um den Liquidationsrabatt vermindert wird.

b) Mittelwert- oder Praktikermethode

Die Bewertung erfolgt vielfach aufgrund der sogenannten Mittelwertmethode. Die Mittelwertmethode stellt auf den Substanzwert und auf den Ertragswert des Unternehmens ab. Bei der eigentlichen Mittelwertmethode entspricht der Unternehmenswert dem arithmetischen Mittel aus Substanzwert und Ertragswert. Häufig wird indes der Ertragswert höher, oft zweifach, gewichtet. Die zweifache Gewichtung des Ertragswertes lehnt sich an die Praxis der Eidgenössischen Steuerverwaltung bei der Bewertung von Wertpapieren ohne Kurswert für die Zwecke der Vermögenssteuer an. Diese Praxis stützt sich auf die Wegleitung zur Bewertung von Wertpapieren ohne Kurswert für die Vermögenssteuer, Kreisschreiben Nr. 28, vom 28. August 2008, herausgegeben von Schweizerischen Steuerkonferenz und der Eidgenössischen Steuerverwaltung. Bei der Unternehmensbewertung unter Berücksichtigung des Substanzwertes und des Ertragswertes spricht man landläufig auch von der Praktikermethode.

Der Substanzwert setzt sich aus dem materiellen und immateriellen Unternehmensvermögen, das zur Leistungserstellung betriebsnotwendig ist, zusammen und entspricht grundsätzlich dem Eigenkapital des Unternehmens zuzüglich der Reproduktionskosten. Man spricht vom Reproduktionswert, für welchen das Unternehmen in der gegenwärtigen Situation wieder aufgebaut werden könnte[6]. Im Zusammenhang mit der Unternehmensbewertung werden regelmässig gewisse Korrekturen vorgenommen. So wird insbesondere das Anlagevermögen zum sogenannten Reproduktionswert in die Bilanz eingesetzt. Der Reproduktionswert entspricht dabei den Kosten, die entstehen würden, wenn ein analoges Unternehmen neu geplant und errichtet würde. Das Anlagevermögen wird unter Berücksichtigung der stillen Reserven abzüglich der darauf lastenden latenten Steuern bewertet. Das nicht betriebsnotwendige Vermögen und die Warenvorräte werden zum aktuellen Verkehrswert bzw. zum Liquidationswert eingesetzt. Das immaterielle Unternehmensvermögen (Patente, Marken, Design, Lizenzen, Kontingente etc.) wird nur dann separat bewertet, wenn es sich um verwertbares Vermögen handelt. Andernfalls ist das immaterielle Unternehmensvermögen im Good-

---

[6] Conrad Meyer und Rolf Moosmann, Kleiner Merkur, Band 2: Betriebswirtschaft, 6. Auflage, Zürich Basel Genf 2005, S. 76; Schweizerische Eidgenossenschaft, KMU Portal, Unternehmensbewertung und Preisbildung, S. 2 von 5.

will oder Geschäftsmehrwert enthalten. Verpflichtungen des Unternehmens werden zum Nennwert (Nominalwert) eingesetzt. Die Summe der Verpflichtungen entspricht mehrheitlich dem Fremdkapital gemäss Bilanz.

Der Ertragswert trägt zum einen dem Umstand Rechnung, dass die Substanz ohne Ertragsfähigkeit betrieblich kaum relevant ist, und zum anderen die Betrachtungsweise dynamisiert und das Augenmerk auf die zukünftige Ertragsentwicklung des Unternehmens und mithin auf den nachhaltig erzielbaren Gewinn gerichtet wird. Der geschätzte zukünftige Gewinn des Unternehmens wird im Rahmen der Bewertung kapitalisiert. Die zukünftig erzielbaren Gewinne werden dabei auf den Bewertungsstichtag abgezinst, womit das Ergebnis dem Barwert der zukünftigen Gewinne nach Diskontierung (Abzinsung) entspricht. In der Praxis gibt der Kapitalisierungszinssatz (Diskont) oft Anlass zu Divergenzen zwischen Käufer und Verkäufer. Der Ertragswert wird kleiner je höher der Kapitalisierungszinssatz festgelegt wird und umgekehrt.

Der Kapitalisierungszinssatz richtet sich zum einen nach dem Kapitalmarkt und zum anderen nach den spezifischen Risiken des Unternehmens im wirtschaftlichen Umfeld, dem sogenannten Risikozuschlag[7]. Man spricht von einem risikogerechten Zinssatz. Der Kapitalmarktzins entspricht dem Zinssatz für risikolose Anlagen, wie beispielsweise der zukünftig erwarteten Rendite der Bundesanleihen oder Anleihen von Industrieunternehmen. Der Risikozuschlag berücksichtigt u.a. die allenfalls erschwerte Verkäuflichkeit des Unternehmens, unternehmerische Risiken und die Kleinheit des Unternehmens.

Der Kapitalisierungszinssatz ist somit auch branchenabhängig, weshalb sich empfiehlt, die Branchenverbände nach dessen aktuell üblichen Höhe anzufragen. Diese kennen wohl am besten die Zuschläge für besondere Risiken in der respektiven Branche.

---

[7] Aargauische Kantonalbank, Herausgeberin, Renggli Karl, Redaktion, Unternehmungsbewertung Was ist meine Firma wert?, Aarau 2008 (auch als PDF unter www.akb.ch), S. 32 f.

Die Formel zur Berechnung des Ertragswertes lautet vereinfacht:

$$\text{Ertragswert} = \frac{\text{Erträge (Gewinne)} \times 100}{\text{Kapitalisierungszinsfuss (Diskont)}}$$

Die Formel zur Berechnung des Unternehmenswertes nach der Praktikermethode lautet:

$$\text{Unternehmenswert} = \frac{1 \times \text{Substanzwert} + 2 \times \text{Ertragswert}}{3}$$

Die in der Schweiz gängige Bewertung des Unternehmenswertes nach der Praktikermethode soll anhand eines vereinfachten Beispiels veranschaulicht werden:

Substanzwert gemäss Bilanz nach Gewinnverteilung (in 1'000 Franken)

	BW	eW		BW	eW
Umlaufvermögen			*Fremdkapital*		
Flüssige Mittel	900	900	Verbindlichkeiten	17'250	16'250
Forderungen (Debitoren)	2'800	2'800			
Vorräte	15'500	23'250			
Anlagevermögen			*Eigenkapital*		
Beteiligungen und Darlehen	9'300	9'800	Aktienkapital	4'000	4'000
Mobiliar und Maschinen	5'900	14'750	gesetzliche Reserven	800	800
Immobilien	4'400	5'720	statutarische Reserven	600	600
			Gewinnvortrag	16'150	16'150
			stille Reserven	0	19'420
Goodwill					
(Kundschaft, Marken etc.)	0	3'000	stille Reserven (Mehrpreis)	0	3'000
Bilanzsumme (Bewertung)	38'800	60'220		38'800	60'220

Was im Rahmen der Unternehmensbewertung die Korrekturen zwischen Bilanzwerten (= BW) und effektiven Werten (= eW) der Aktiven und Passiven angeht, wird auf § 5 Ziffer 2 (stille Reserven) und zum Goodwill auf § 3 Ziffer 1d) verwiesen.

§ 3 Wert des Unternehmens

Der Ertragswert gemäss Erfolgsrechnung (ER) nach Gewinnverteilung bzw. nach Korrekturen (in 1'000 Franken)

Pos.	Erträge/Aufwand	ER vor Korrektur	Korrekturen	ER nach Korrektur	Begründung Korrekturen
1	Bruttoumsatz	12'000	0	12'000	periodengerecht, daher keine Korrektur
2	sonstige Erträge	600	−180	420	Ertrag aus nicht betrieblichen Aktiven
3	a.o. Erträge	160	−40	120	Erlös aus Verkauf nicht betrieblichen Aktiven
4	Total Erträge	12'760	−220	12'540	
	Aufwendungen				
5	Materialaufwand	4'800	−480	4'320	Erhöhung der Warenreserve korrigiert
6	Personalaufwand	2'950	−300	2'650	geldwerte Leistungen an Aktionär korrigiert
7	Betriebsaufwand	600	0	600	periodengerecht, daher keine Korrektur
8	Abschreibungen	280	−40	240	kalkulatorische anstatt buchmässige Abschreibungen
9	Total Aufwendungen	8'630	−820	7'810	
10	a.o. Aufwendungen	300	−40	260	Aufwand aus nicht betrieblichen Passiven
11	*EBIT*	3'830		4'470	
12	Zinsen	240	−30	210	Zinsen auf nicht betrieblichen Schulden
13	Steuern	650	200	850	kalkulatorische anstatt buchmässige Steuern
14	*Unternehmensgewinn*	2'940		3'410	

Die Erfolgsrechnung nach Korrektur weist einen nachhaltigen Unternehmensgewinn von CHF 3'410'000 aus. Das Ergebnis der Korrekturen ist anhand der Vorjahresergebnisse zu überprüfen und gegebenenfalls den Erfahrungswerten anzupassen. Vorliegend darf aufgrund der betrieblichen Situation des Unternehmens und der guten Marktlage insbesondere in der betroffenen Branche ein nachhaltiges Zukunftsergebnis von CHF 3'500'000 vorsichtig unterstellt und aufgerundet in die Formel eingesetzt werden.

$$\text{Ertragswert} = \frac{3'500'000 \times 100}{8} = 43'750'000$$

$$\text{Unternehmenswert} = \frac{60'220'000 + (2 \times 43'750'000)}{3} = 49'240'000$$

c)   DCF-Methode

Die Bewertung nach der (aus den USA stammenden) DCF-Methode (Discounted-Cash-Flow-Methode) berechnet den Zukunftserfolgswert eines Unternehmens aus den abdiskontierten künftigen Free-Cash-Flow-Strömen[8].

Die DCF-Methode bewertet ein Unternehmen nach den zukünftigen Erträgen bzw. Zahlungsüberschüssen, wobei diese im Rahmen einer mehrjährigen Planerfolgsrechnung zu ermitteln und auf den Bewertungsstichtag abzudiskontieren oder abzuzinsen sind[9]. Der Abzinsungsfaktor richtet sich nach den mutmasslichen Kapitalkosten. Die Ermittlung der zukünftigen Zahlungsüberschüsse (Free-Cash-Flows) beschränkt sich aus Praktikabilitätsgründen in der Regel auf die dem Bewertungsstichtag folgenden fünf Jahre. Das Ergebnis ist der Barwert der abdiskontierten Free-Cash-Flows auf den Bewertungsstichtag. Der Unternehmenswert ermittelt sich demnach allein nach den mutmasslich in der Zukunft erzielbaren Erträgen und mithin allein nach dem Ertragswert. Der Substanzwert bleibt ausser Acht.

Die zukunftsorientierte Ermittlung des Unternehmenswerts ist unbestrittenermassen der Mittelwertmethode theoretisch überlegen, wogegen sich bei der praktischen Umsetzung im Anwendungsfall drei erhebliche Probleme stellen. Die Schätzung der zukünftigen periodischen Free-Cash-Flows beruht auf Annahmen, welche ihrerseits auf die bisherigen Erfolgsrechnungen abstellen. Die Steuern müssen in den Planerfolgsrechnungen sowohl hinsichtlich der zukünftigen Erträge als auch hinsichtlich des Finanzierungsaufwands berücksichtigt werden. Die Bestimmung des Diskontsatzes zwecks Abzin-

---

[8]   GUIDE Begriffe aus der Finanzwelt, Herausgeber Verlag Finanz und Wirtschaft AG, 11. Auflage, Zürich 2011, S. 229; vgl. auch Aargauische Kantonalbank, Herausgeberin, Renggli Karl, Redaktion, Unternehmungsbewertung Was ist meine Firma wert?, Aarau 2008, S. 20.
[9]   Helbling Carl, Unternehmensbewertung und Steuern, 9. Auflage, Düsseldorf, 1998, S. 105 ff. und S. 135 ff.

sung der zukünftigen Free-Cash-Flows ist schon für einen Zeitraum von rund fünf in der Zukunft liegenden Jahren schwierig.

d) Goodwill

Der Goodwill oder Geschäftsmehrwert entspricht der rechnerischen Differenz zwischen dem geschätzten Unternehmenswert laut Bewertung bzw. dem bezahlten Kaufpreis und dem Substanzwert[10]. Nach Tschäni Rudolf wird der Goodwill vereinfachend als Differenz zwischen dem Kaufpreis des erworbenen Unternehmens und dem Nettovermögen desselben gemäss Bilanz (Eigenkapital) definiert[11].

Zum Begriff des Goodwills wird weiter auf Boemle Max/Lutz Ralf, Der Jahresabschluss, S. 148 und allgemein zur Bewertung auf dieselben Autoren S. 141 ff. verwiesen[12]. Nach ihrer Darstellung entspricht der Goodwill der rechnerischen Differenz zwischen Ertragswert und Substanzwert und weicht insoweit von der vorstehenden Definition etwas ab[13]. Die Abweichung ist indes nicht grundsätzlicher Art. Die Bewertung nach dieser Definition setzt beim nachhaltig erzielbaren Ertrag des Unternehmens an, wobei vom kapitalisierten Ertragswert der Buchwert abgezogen und zusätzlich um die Hälfte für Fehlerquellen und Risiken mit Bezug auf die Nachhaltigkeit gemindert wird, was rechnerisch ebenfalls zum Geschäftswert oder Goodwill führt[14]. Diese Ermittlung qualifiziert als indirekte Methode der Bewertung, wogegen die direkte Methode den Übergewinn als Differenz aus nachhaltig erzielbarem Bruttogewinn minus angemessener Verzinsung des Eigenkapitals und minus angemessenen kalkulatorischen Unternehmerlohn kapitalisiert.

Aufgrund der Definition, wonach der Goodwill die Differenz zwischen dem Kaufpreis des Unternehmens und dessen Nettovermögens nach Bewertungs-

---

[10] Boemle Max, Unternehmungsfinanzierung, 10. Auflage, Zürich 1993, S. 605.
[11] Tschäni Rudolf, M&A-Transaktionen nach Schweizer Recht, Zürich, Basel, Genf, 2003, S. 12 f.
[12] Boemle Max/Lutz Ralf, Der Jahresabschluss, 5. Auflage, Zürich 2008, S. 148 und allgemein zur Bewertung S. 141 ff.
[13] Vgl. auch Aargauische Kantonalbank, Herausgeberin, Renggli Karl, Redaktion, Unternehmungsbewertung Was ist meine Firma wert?, Aarau 2008, S. 35.
[14] Alberti Claudia, der Goodwill beim Unternehmenskauf, Entstehung, Bilanzierung und Bewertung sowie Gestaltungsmöglichkeiten, Studienarbeit, 1. Auflage, Norderstedt 2004, S. 11.

korrekturen darstellt, kann der Goodwill unter Berücksichtigung der aktienrechtlichen Höchstbewertungsvorschriften nach Art. 665 OR, nämlich maximal Anschaffungs- oder Herstellungskosten als Höchstwert für das Anlagevermögen in der Bilanz, wie folgt graphisch veranschaulicht werden:

Kaufpreis	Goodwill	Mehrpreis
	Bewertungskorrekturen abzüglich latente Steuern Ausscheidung nicht betriebliches Vermögen abzüglich Steuerfolgen	stille Reserven (= maximal bis zur gesetzlichen Höchstbewertung)
	Nettovermögen	statutarische Reserven
		gesetzliche Reserven
		Nominalkapital

Der Goodwill als positiver Geschäftswert entsteht, wenn die Anschaffungskosten vorab des Anlagevermögens höher sind als das buchhalterische Eigenkapital als Differenz aus Aktiven minus Fremdkapital und der Käufer einen nachhaltig hohen Ertrag unterstellt. Sind indes die Anschaffungskosten niedriger als das buchhalterische Eigenkapital oder Nettovermögen, so entsteht ein negativer Geschäftswert oder Badwill[15]. Wird bei einem Unternehmensverkauf ein Goodwill erzielt, handelt es sich um einen sogenannten derivativen (abgeleiteten) und mithin realisierten Geschäftswert, wogegen beim sogenannten originären oder selbst geschaffenen Goodwill es sich um eine reine kalkulatorische Grösse handelt.

Gegenstand und Ursache der Abweichungen sind die zumeist nicht bilanzierten immateriellen Vermögenswerte, wie originär geschaffene Marken und

---

[15] Alberti Claudia, der Goodwill beim Unternehmenskauf, Entstehung, Bilanzierung und Bewertung sowie Gestaltungsmöglichkeiten, Studienarbeit, 1. Auflage, Norderstedt 2004, S. 3.

der Kundenstamm. Originäre Marken sind im zu veräussernden Betrieb geschaffen worden und deshalb nicht bilanziert.

Zusammenfassend ergibt sich zum Goodwill folgende Erkenntnis:

Ist der Ertragswert höher als der Substanzwert liegt in der Regel ein Goodwill vor. Ursache ist ein überdurchschnittlicher Erfolg, dessen Nachhaltigkeit durch die Konkurrenz wohl gefährdet ist und tendenziell sinken dürfte. Die Zahl der Konkurrenten wird bei dieser Konstellation voraussichtlich zunehmen. Ist der Substanzwert höher als der Ertragswert, so dürfte dies in der betroffenen Branche im fraglichen Gebiet zu einer Reduktion der Zahl der Konkurrenten und längerfristig zu wieder steigenden Erträgen führen[16].

2. Vereinbarung

Der Wert des Unternehmens bestimmt sich schlussendlich nach der übereinstimmenden Willensäusserung des Verkäufers und des Käufers. Es handelt sich um den vereinbarten Preis für den Kaufgegenstand, das Unternehmen. Der vereinbarte Preis reflektiert die gesamten Umstände mit Bezug auf Angebot und Nachfrage. Die Bewertung ist lediglich ein Element zur Preisfindung. Ausschlaggebend sind weitere subjektive und objektive Elemente.

Subjektiv geht es oft um die Frage, innert welcher Zeitspanne kann der Kaufpreis als Investition amortisiert werden. Man spricht dabei vom Return on Investment (ROI) oder einfach von Rentabilitätsrechnung[17]. Es werden auf den Zeitpunkt der Investition die Anschaffungskosten (Kaufpreis des Unternehmens sowie alle zukünftigen Investitionen wie Unterhalt und Instandhaltung) den später sich aus der Investition ergebenden Einnahmen gegenübergestellt, wobei sich der Barwert der Investition aus der Differenz der Barwerte aus Einzahlungen (Investitionen) und Auszahlungen (Einnahmen aus den Investitionen) berechnet. Subjektiv wesentlich ist auch das Finanzierungsverhältnis, also das Verhältnis von Eigen- und Fremdkapital.

---

[16] Meyer Conrad und Moosmann Rolf, Herausgeber, Kleiner Merkur, Band 2: Betriebswirtschaft, 5. Auflage, Zürich, 1995, S. 153.
[17] Boemle Max, Unternehmungsfinanzierung, 10. Auflage, 1993. S. 619.

Objektiv geht es u.a. um die Einschätzung der Branchenaussichten, die Möglichkeiten der Fremdfinanzierung des Kaufobjektes und um die allgemeinen wirtschaftlichen Aussichten.

Beim vereinbarten Kaufpreis handelt es sich um einen wesentlichen Punkt des Kaufvertrages betreffend den Kauf des Unternehmens im Sinne von Art. 2 Absatz 1 OR, wonach ein Vertrag bei Einigung in den wesentlichen Punkten zustande kommt und die vorbehaltenen Nebenpunkte den Vertragsschluss zumindest der Vermutung nach nicht hindern sollen. Beim Unternehmenskauf, wie überhaupt beim Kauf, kommt dem vereinbarten Kaufpreis neben der genauen Definition des Kaufgegenstandes eine ausschlaggebende Bedeutung zu. Die Vertragsparteien sind gut beraten, den Kaufpreis oder die Methode zur Ermittlung desselben im Kaufvertrag präzise festzulegen. Dabei sind insbesondere allfällige vertragliche Kaufpreiskorrekturen zwischen dem Zeitpunkt des Vertragsschlusses und dem Vollzug des Vertrages (sogenanntes Closing) sowie der Modus der Kaufpreisregulierung wie beispielsweise Teilzahlungen und insbesondere die Kaufpreisrückbehalte für die mögliche Haftung des Verkäufers aus Gewährleistung oder gar für die zugesicherten Eigenschaften im Sinne von Art. 197 OR klar und so einfach wie möglich festzuschreiben. Ferner ist die Verzinsung der Kaufpreisrestanzen zufolge Teilzahlungen oder Kaufpreisrückbehalte zu regeln. Dieser Zins entschädigt die temporäre Fremdfinanzierung des Kaufpreises durch sogenannte Verkäuferdarlehen sowie das respektive Risiko des Verkäufers betreffend Inkasso. Längerfristige Verkäuferdarlehen sind überdies in geeigneter Weise sicherzustellen. Der Kaufpreis und der Kaufgegenstand sind jedenfalls beim Vertragsschluss wesentliche Punkte, weshalb ihnen bei der Vertragsgestaltung grösste Aufmerksamkeit zu schenken ist.

§ 4 Vertragsverhandlungen

1. Offenlegungen

Die Vertragsverhandlungen haben besonders bei komplexeren Käufen, und dazu gehören die Unternehmenskäufe zweifellos, dem Grundsatz von Treu und Glauben zu folgen. Das Handeln nach Treu und Glauben ist bei der Rechtsausübung eine gesetzliche Pflicht, die ausdrücklich in Art. 2 des ZGB (Schweizerisches Zivilgesetzbuch) festgeschrieben ist. Die Vertragsverhandlungen unterliegen ebenfalls diesem Grundsatz und können zu vorvertraglichen Verpflichtungen des Käufers und des Verkäufers bzw. der Verhandlungsparteien führen («culpa in contrahendo»). Sie sind ferner im Falle des Vertragsschlusses für die Auslegung des finalisierten Kaufvertrags von grosser Bedeutung. Immerhin bleibt in der Phase der Vertragsverhandlungen das Recht zum jederzeitigen Abbruch derselben gewahrt.

Die Rechtsnatur der culpa in contrahendo ist umstritten. Die Lehrmeinungen ordnen sie entweder der Verpflichtung aus Vertrag oder aus unerlaubter Handlung nach Art. 41 OR zu. Unbestritten ist, dass sich die Verjährung nach Art. 60 OR richtet und insoweit das Recht der unerlaubten Handlung zur Anwendung kommt. Demnach verjährt der Anspruch auf Schadenersatz in einem Jahr von dem Tage hinweg, wo der Geschädigte Kenntnis vom Schaden und von der Person des Ersatzpflichtigen hat; in allen Fällen indes mit dem Ablauf von zehn Jahren vom Tage der schädigenden Handlung an gerechnet.

Offengelegt werden müssen seitens des Verkäufers sämtliche Verpflichtungen des Unternehmens einschliesslich derjenigen, die unter dem Bilanzstrich bzw. im Anhang gemäss Art. 663b OR als Eventualverpflichtungen ausgewiesen werden müssen. Die Pflicht des Verkäufers zu Offenlegungen ist gemäss Gerichtspraxis weit zu fassen. So sollten zum Beispiel allfällige Verpflichtungen, die an sich ohne gesetzliche Grundlagen aus Unterdeckungen von Personalvorsorgeeinrichtungen entstehen können, offengelegt werden, da deren Sanierung zu Prämienerhöhungen für das Unternehmen als Arbeitgeber und für die Arbeitnehmer führen können. Es sei dazu beispielhaft auf den Fall einer nicht explizit offengelegten Unterdeckung einer Vorsorgeeinrichtung ungeachtet der im fraglichen Zeitraum geradezu notorisch bekannten und weit verbreiteten derartigen Unterdeckungen gemäss Bundesgerichtsentscheid vom 1. Mai 2009, veröffentlicht in Die Praxis 6/2010 Seite 442 ff., verwiesen. Die kalkulatorischen Grundlagen können sich durch solch absehbare Verpflichtungen verändern, wodurch die Konkurrenzfähigkeit des Unternehmens negativ belastet wird.

Offengelegt werden müssen seitens des Käufers absehbare Schwierigkeiten bei der Finanzierung des Kaufpreises und mithin Erfüllung des Unternehmenskaufvertrages sowie allfällige Schwierigkeiten bei der Erfüllung objektiv notwendiger Voraussetzungen, wie etwa der Beibringung von notwendigen Berufspatenten als Grundlage zur Führung des Unternehmens.

Der Umfang der Offenlegung kann nicht allgemein gültig umschrieben werden. Er hängt vom Einzelfall ab. Beim Unternehmenskauf ohne vorherige Due Diligence beispielsweise ist die Pflicht zur korrekten und umfassenden Auskunft von erhöhter Bedeutung. Der Umfang der Offenlegung richtet sich indes auch danach, ob und inwieweit die andere Vertragspartei geschäfts- und womöglich gar branchenkundig ist.

2. Haftung

Die Haftung aus mangelhafter Offenlegung entsteht auch dann, wenn kein Vertrag zustande kommt. Es handelt sich um die Haftung aus culpa in contrahendo (Vertragsverhandlung). Wer Haftung aus culpa in contrahendo geltend macht, muss den kausal verursachten Schaden sowie das widerrechtliche und schuldhafte Verhalten der anderen Vertragspartei beweisen. Die Beweislast ist erheblich und darf nicht unterschätzt werden. Die Verjährung richtet sich, wie vorne ausgeführt, nach Art. 60 OR.

Ein Haftungsrisiko aus mangelhafter Offenlegung besteht indes auch nach Vertragsschluss. Der Kaufvertrag kann gemäss Art. 23 ff. OR wegen Irrtum, Täuschung oder Drohung angefochten werden, was bei erfolgreicher Anfechtung zum Dahinfallen des Kaufvertrages führen kann. Man spricht von Willensmängeln. Zusätzlich zur Aufhebung des Kaufvertrages kann Schadenersatz geltend gemacht werden. Die Willensmängel sind bei Irrtum und Täuschung innert Jahresfrist seit Entdeckung geltend zu machen.

3. Absichtserklärung und Vorvertrag

Die Absichtserklärung oder der sogenannte Letter of Intent ist in seiner Erscheinungsform sehr vielfältig. In der Regel werden in der Absichtserklärung die Absicht des ernsthaften und vertraulichen Verhandelns sowie die wesentlichen Vertragspunkte (Kaufgegenstand und Kaufpreis) festgehalten. Ferner legen die Verhandlungsparteien in der Absichtserklärung vielfach den Umfang der Offenlegung im Rahmen einer Due Diligence fest. Andererseits erklären die Verhandlungsparteien darin regelmässig ausdrücklich, bis zum Abschluss des eigentlichen Unternehmenskaufvertrages nicht gebunden sein zu wollen. In der Absichtserklärung werden oft Bestimmungen zur Tragung der Kosten aus Vertragsverhandlungen und zu Schadenersatzpflichten im Falle des Scheiterns der Vertragsverhandlungen festgeschrieben. Die Absichtserklärung dient damit nicht zuletzt mit Bezug auf die mögliche Haftung aus culpa in contrahendo der Rechtssicherheit, indem die respektiven Pflichten der Verhandlungsparteien auch für die Phase der Vertragsverhandlungen schriftlich festgehalten und so begrenzt werden.

§ 5 Kauf und Verkauf von Aktiven und Fremdkapital («Asset-Deal»)

1. Grundsätzliches

Aktiven und Fremdkapital stellen das Vermögen eines Unternehmens dar. Das Eigenkapital ist die rechnerische Differenz aus Aktiven minus Fremdkapital per Bilanzstichtag. Fremdkapital und Eigenkapital werden in der Bilanz als Passiven zusammengefasst.

Es kommt durchaus vor, dass die Vertragsparteien die käufliche Übertragung des Vermögens oder einzelner Teile davon vereinbaren. Die Vertragsparteien vereinbaren damit die Übernahme eines Vermögens oder eines Geschäftes bzw. aller oder einzelner Aktiven und/oder sachlich zugeordneter Verbindlichkeiten (Fremdkapital) gemäss Art. 181 OR[18]. Danach haftet der Käufer aus den damit verbundenen Verbindlichkeiten, sobald er den Gläubigern die Übernahme mitteilt oder in öffentlichen Blättern auskündigt. Der Verkäufer als bisheriger Schuldner haftet jedoch solidarisch mit dem neuen Schuldner noch während dreier Jahre. Die Solidarhaftung läuft für fällige Verbindlichkeiten ab Mitteilung oder Auskündigung und für später fällig werdende Verbindlichkeiten ab Eintritt der Fälligkeit.

Diese Übernahme von Verbindlichkeiten hat im Übrigen dieselbe Wirkung wie die Übernahme einer einzelnen Schuld. Dies bezieht sich vor allem auf die Wirkung des Schuldnerwechsels hinsichtlich der Nebenrechte (Sicherheiten) des Gläubigers und der Einreden des Schuldners, wie beispielsweise die Einrede der Verrechnung. Es wird u.a. auf die Art. 178 und 179 OR verwiesen. Die Nebenrechte werden vom Schuldnerwechsel nicht berührt, sofern sie mit der Person des Schuldners nicht untrennbar verbunden sind. Die Einreden aus dem Schuldverhältnis stehen dem neuen Schuldner genauso zu wie dem bisherigen. Der Einredeerhalt gilt soweit, als es sich nicht um persönliche Einreden des bisherigen Schuldners gegenüber dem Gläubiger handelt.

Die Übertragung von Aktiven folgt ferner den allgemeinen gesetzlichen Bestimmungen. So werden Forderungen durch Abtretungserklärung (Zession)

---

[18] Zum Asset-Deal vgl. Zbinden Nicolas, Aufgepasst bei Betriebsübertragungen, in TREX L'Expert Fiduciaire – Der Treuhandexperte, 1/2012, S. 16 ff.

§ 5   Kauf und Verkauf von Aktiven und Fremdkapital («Asset-Deal»)

und Mobilien sowie Immobilien durch Übertragung (Handwechsel) übereignet. Bei Immobilien wird der Handwechsel durch den Übertrag des Eigentums im Grundbuch ersetzt.

Wichtig ist vorliegend, dass sich gemäss Art. 181 Absatz 4 OR die Übertragung des Vermögens (Aktiven und Verbindlichkeiten bzw. Fremdkapital) oder des Geschäfts von Handelsgesellschaften (Personengesellschaften, Aktiengesellschaft, Kommanditaktiengesellschaft, Gesellschaft mit beschränkter Haftung), Genossenschaften, Vereinen, Stiftungen und im Handelsregister eingetragenen Einzelunternehmen nach den Vorschriften des Fusionsgesetzes vom 3. Oktober 2003 (FusG) richtet. Bei Kauf und Verkauf von Unternehmen sind insbesondere die Art. 69 ff. des FusG von Bedeutung. Auf einzelne Bestimmungen des FusG wird zurückzukommen sein. Immerhin sei im Zusammenhang mit dem Kauf von Aktiven und Fremdkapital oder eben der Vermögensübertragung insbesondere auf Art. 73 Absatz 2 FusG hingewiesen, wonach die Vermögensübertragung mit der Eintragung derselben ins Handelsregister wirksam wird. In diesem Zeitpunkt gehen von Gesetzes wegen alle im Inventar aufgeführten Aktiven und Passiven auf den übernehmenden Rechtsträger (Käufer) über.

Der aus dem Englischen übernommene Begriff des «Asset-Deal» ist im Übrigen unpräzise. Als Assets gelten allein die Aktiven, wogegen bei Vermögensübertragungen regelmässig die damit verbundenen Schulden oder Verpflichtungen (liabilities) ebenfalls übernommen werden. Korrekt wäre demnach die englische Bezeichnung «Property-Deal». Ungeachtet dieser Ungenauigkeit hat sich der Begriff «Asset-Deal» durchgesetzt.

2. Stille Reserven

Beim Asset-Deal wird das gesamte Vermögen oder einzelne Teile desselben, bestehend aus Aktiven und Verbindlichkeiten, vom Verkäufer auf den Käufer übertragen. Der Verkäufer hat alles Interesse, einen möglichst hohen Preis zu erzielen, der näher oder gar über dem Geschäftswert als beim meist erheblich tieferen Buchwert liegt. Der Geschäftswert der Aktiven entspricht demjenigen Wert, der ihnen bei Errichtung der Bilanz für das Geschäft zukommt. Dabei handelt es sich gemäss Art. 960 Absatz 2 OR um den höchst zulässigen Bilanzwert eines Aktivums zum Zeitpunkt der Errichtung der

§ 5 Kauf und Verkauf von Aktiven und Fremdkapital («Asset-Deal»)

Bilanz. Die Aktiven sind im Übrigen zum Buchwert in die Bilanz eingestellt. Dieser entspricht gemäss Art. 665 OR höchstens den Anschaffungs- oder den (eigenen) Herstellungskosten und ist in den nachfolgenden Jahresrechnungen um die notwendigen Abschreibungen zu kürzen. Diese Bewertungsregel, grundsätzlich massgebliche Anschaffungs- oder Herstellungskosten als Höchstwerte, gilt bei Industrie- und Handelsbetrieben gemäss Art. 666 Absatz 1 OR auch für die Vorräte als Teil des Umlaufvermögens, wobei nach Art. 666 Absatz 2 OR der allgemein geltende Marktpreis als Höchstwert in die Bilanz einzustellen ist, falls am Bilanzstichtag die Beschaffungskosten darüber liegen. Es handelt sich um eine gesetzlich angeordnete Bewertungskorrektur per Bilanzstichtag.

Die stillen Reserven entsprechen rechnerisch der Differenz zwischen dem von den Vertragsparteien ermittelten «Geschäftswert» oder Ist-Wert bzw. dem letztlich vereinbarten Preis der zu übertragenden Vermögenswerte und dem Buchwert[19]. Nach Boemle/Lutz kann zwischen dem betriebswirtschaftlichen und aktienrechtlichen Begriff der stillen Reserven[20] unterschieden werden.

Betriebswirtschaftlich werden die stillen Reserven aus der Differenz zwischen dem tatsächlichen oder wirklichen Wert der Aktiven und Verbindlichkeiten und dem Buchwert bzw. dem Niederstwert ermittelt. Der tatsächliche oder wirkliche Wert entspricht dabei bei Gattungswaren am ehesten dem Marktwert und bei Spezieswaren sowie insbesondere bei Immobilien dem Schätzwert. Orientierungshilfe leistet für die Aktiven durchaus der Geschäftswert gemäss Art. 960 Absatz 2 OR, der letztlich dem geschäftlichen Gebrauchs- oder Nutzwert im Zeitpunkt der Bilanzerrichtung entspricht. Stille Reserven entstehen somit aus zusätzlichen Abschreibungen und Wertberichtigungen[21], wobei im Anhang der Jahresrechnung über die Veränderungen der stillen Reserven bei der Aktiengesellschaft gemäss Art. 663b Ziffer 8 OR dann Aufschluss zu geben ist, wenn per saldo eine Auflösung derselben resultiert, die das Jahresergebnis wesentlich günstiger darstellt.

---

[19] Meyer Conrad und Moosmann Rolf, Herausgeber, Kleiner Merkur, Band 2: Betriebswirtschaft, 6. Auflage, Zürich Basel Genf 2005, S. 500 ff.
[20] Boemle Max/Lutz Ralf, Der Jahresabschluss, 5. Auflage, Zürich, 2008, S. 165 ff.
[21] Handschin Lukas, Gesellschaftsrecht in an nutshell, 2. Auflage, Zürich/St. Gallen 2012, S. 39.

Die stillen Reserven entstehen aus betriebswirtschaftlicher Sicht grundsätzlich aus drei Gründen. Erfolgsneutral entstehen stille Reserven durch den Umstand, dass die Aktiven durch allgemeine Wertsteigerungen ohne weiteres Zutun der Gesellschaft anwachsen. Diese Reserven entstehen somit durch den externen Einfluss des Marktes zwangsweise, da die Buchwerte auf die gesetzlichen Höchstbewertungsvorschriften gesetzlich beschränkt sind, wobei aktienrechtlich im Umfang des den Höchstwert überschiessenden Teils keine stillen Reserven vorliegen. Man spricht von sogenannten «Zwangsreserven». Stille Reserven entstehen des Weiteren durch übervorsichtige Abschreibungen, Wertberichtigungen und Rückstellungen. Im Rahmen der Bewertung werden die Aktiven zu tieferen (Unterbewertung) und die Verbindlichkeiten zu höheren Werten (Überbewertung) in die Bilanz eingestellt. Es handelt sich um einen erfolgswirksamen Vorgang. Drittens entstehen stille Reserven ebenfalls erfolgswirksam durch gewillkürte Reserven, indem die Aktiven, worunter insbesondere das Anlagevermögen, bewusst übermässig abgeschrieben wird, oder die Verbindlichkeiten durch nicht begründete Rückstellungen für drohende Verbindlichkeiten bewusst erhöht werden, wodurch der Jahresgewinn geschmälert wird.

Aktienrechtlich sind die stillen Reserven der Unterschied zwischen dem aktienrechtlichen Höchstwert für Aktiven bzw. dem niedrigsten Wert für Verbindlichkeiten und dem Buchwert. Die Höhe der stillen Reserven wird durch die vorerwähnten gesetzlichen Höchstwerte begrenzt. Die stillen Reserven sind somit grundsätzlich die Folge der Unterbewertung von Aktiven und der Überbewertung von Fremdkapital und Rückstellungen[22].

Die stillen Reserven als Differenz zwischen tatsächlichem (effektivem) oder wirklichem Wert und dem Buchwert aller Aktiven und Verbindlichkeiten sollen durch nachfolgendes Beispiel unter Beachtung der aktienrechtlichen Höchstbewertungsvorschriften veranschaulicht werden:

---

[22] Handschin Lukas, Rechnungslegung im Gesellschaftsrecht, Basel 2013, S. 386 ff. (RZ 852 ff.).

Bilanz nach Gewinnverteilung (in 1'000 Franken)

	BW	eW		BW	eW
Umlaufvermögen			*Fremdkapital*		
Flüssige Mittel	900	900	Verbindlichkeiten	17'250	16'250
Forderungen (Debitoren)	2'800	2'800			
Vorräte	15'500	23'250			
Anlagevermögen			*Eigenkapital*		
Beteiligungen und Darlehen	9'300	9'800	Aktienkapital	4'000	4'000
Mobiliar und Maschinen	5'900	14'750	gesetzliche Reserven	800	800
Immobilien	4'400	5'720	statutarische Reserven	600	600
			Gewinnvortrag	16'150	16'150
			stille Reserven	0	19'420
Bilanzsumme	38'800	57'220		38'800	57'220

Der Nachweis der stillen Reserven (in 1'000 Franken) ergibt was folgt:

Pos.	Bilanzposition	Bilanzwert (BW)	effektiver Wert (eW)	stille Reserven
a	Unterbewertung Vorräte	15'500	23'250	7'750
b	Unterbewertung Beteiligungen u. Darlehen	9'300	9'800	500
c	Unterbewertung Mobiliar und Maschinen	5'900	14'750	8'850
d	Unterbewertung Immobilien	4'400	5'720	1'320
e	Überbewertung Verbindlichkeiten	17'250	16'250	1'000
	stille Reserven	52'350	69'770	19'420

Die Unterbewertungen der Aktiven und die Überbewertung der Verbindlichkeiten lassen sich wie folgt kurz begründen:

a) Die stillen Reserven auf den Vorräten betragen usanzgemäss einen Drittel auf den Herstellungs- bzw. Anschaffungskosten. Steuerlich handelt es sich um die sogenannte privilegierte Warenreserve.

b) Die Beteiligungen und Darlehen an Konzerngesellschaften werden zu Anschaffungskosten ausgewiesen.

§ 5   Kauf und Verkauf von Aktiven und Fremdkapital («Asset-Deal»)

c) Die erheblichen stillen Reserven auf Mobiliar und Maschinen gehen vor allem auf die sogenannten Einmalabschreibungen im Anschaffungsjahr und die hohen Abschreibungssätze zurück, wodurch diese Aktiven in der Anlagebuchhaltung grösstenteils lediglich pro memoria bilanziert sind, wogegen der kalkulatorische Restwert im Bewertungszeitpunkt deutlich höher ist.

d) Die vorsichtige Schätzung (Expertise) der betrieblichen Immobilien im Bewertungszeitpunkt übersteigt trotz Berücksichtigung von vermuteten Altlasten den Buchwert um 30%.

e) Eine betrieblich nicht mehr notwendige Rückstellung wegen drohender Produktionsumstellungen aufgrund gesetzlicher Änderungen ist definitiv weggefallen.

Hinsichtlich der Steuerfolgen im Zusammenhang mit dem Verkauf eines Unternehmens generell sowie beim Asset-Deal und Share-Deal im Besonderen und den dabei realisierten stillen Reserven wird auf § 10 (Steuerfolgen), Ziffer 1. (Direkte Steuern) verwiesen.

§ 6 Kauf und Verkauf von Beteiligungsrechten («Share-Deal»)

1. Beteiligungsrechte

Die Beteiligungsrechte umfassen die Vermögens- und die Mitwirkungsrechte des am Unternehmen Beteiligten. Unter die wesentlichen Vermögensrechte fallen das Recht auf Gewinnanteil (Dividende) und das anteilige Bezugsrecht bei der Ausgabe von neuen Bezugsrechten zum Erhalt des proportionalen Beteiligungsrechts. Unter die wesentlichen Mitwirkungsrechte fallen das Recht auf Teilnahme an den Gesellschafterversammlungen und das Stimmrecht. Gegenstand des Kaufs und Verkaufs von Beteiligungsrechten ist die Übertragung der Vermögens- und der Mitwirkungsrechte. Die Aufspaltung der beiden Rechte auf mehrere Personen bzw. Rechtsträger ist grundsätzlich ausgeschlossen. Sie befinden sich also in der Hand einer Person.

2. Übertragung

Gegenstand des Kaufs und Verkaufs von Beteiligungsrechten sind die Anteile an Körperschaften (Aktiengesellschaften, Kommandit-Aktiengesellschaften, Gesellschaften mit beschränkter Haftung, Genossenschaften und Vereinen). Die Form der rechtsgeschäftlichen Übertragung der Beteiligungsrechte folgt dabei den gesetzlichen Vorschriften, wie sie für die einzelnen Körperschaften gesetzlich geregelt sind.

a) Aktiengesellschaft

Die rechtsgeschäftliche Übertragung von Beteiligungsrechten an Aktiengesellschaften ist für Inhaberaktien und Namenaktien verschieden.

Die Inhaberaktien lauten auf den Inhaber. Das heisst, aus dem Wortlaut oder der Form der Urkunde ist ersichtlich, dass der jeweilige Inhaber als Berechtigter anerkannt wird (Art. 978 OR). Daraus folgt, dass die in einer Urkunde verbrieften Inhaberaktien durch Besitzwechsel zu Eigentum übertragen werden. Die Verbriefung und Begebung oder Ausgabe der verbrieften Inhaberaktien setzt die Volleinzahlung des Aktienkapitals voraus (Art. 683 Absatz 2 OR). Die nicht in einer Urkunde verbrieften Inhaberaktien werden analog den Forderungsrechten durch Abtretungserklärung oder Zession zu Eigentum übertragen. Die Abtretungserklärung bedarf der Schriftform (Art. 165 Absatz 1 OR).

Die Namenaktien lauten auf den Namen des Berechtigten bzw. Aktionärs. Die in einer Urkunde verbrieften Namenaktien werden auf der Urkunde selbst durch Indossament oder separat durch Abtretungserklärung (Zession) sowie durch Übergabe der Urkunde auf den Erwerber zu Eigentum übertragen (Art. 684 Absatz 2 OR in Verbindung mit Art. 967 OR). Die Form des Indossaments folgt dabei den Vorschriften über den Wechsel (Art. 968 Absatz 1 OR). Demnach muss das Indossament in Analogie zu Art. 1003 Absatz 1 OR auf der verbrieften Namenaktie oder auf einem mit ihr verbundenen respektiven Anhang gesetzt werden. Im Falle des Blankoindossaments, das lediglich aus der Unterschrift des Indossanten (hier Verkäufers) besteht, ist dieses zwingend auf der Rückseite der Namenaktie oder des respektiven verbundenen Anhangs zu setzen. Das formwidrige Blankoindossament ist ansonsten gemäss ausdrücklicher gesetzlicher Vorschrift ungültig (Art. 1003 Absatz 2 OR).

b) Gesellschaft mit beschränkter Haftung

Die Beteiligungsrechte an der Gesellschaft mit beschränkter Haftung (GmbH) können in einer Urkunde verbrieft werden, wobei die Urkunde lediglich als Beweispapier oder als Namenpapier errichtet werden darf. Die Urkunde muss diesfalls dieselben Hinweise auf statutarische Rechte und Pflichten enthalten, wie die Urkunde über die Zeichnung der Stammanteile.

Die Abtretung der Stammanteile und die Verpflichtung zur Abtretung derselben bedürfen der Schriftform (Art. 785 OR). Der Abtretungsvertrag muss ebenfalls den Hinweis auf die statutarischen Rechte und Pflichten enthalten, analog der Urkunde bei die Zeichnung der Stammanteile.

Die Abtretung der Stammanteile bedarf der Zustimmung der Gesellschafterversammlung (Art. 786 OR). Die Gesellschafterversammlung kann die Zustimmung ohne Angabe von Gründen verweigern, sofern in den Statuten nicht auf das Erfordernis der Zustimmung zur Abtretung verzichtet wird oder die Angabe von Gründen festgelegt werden, bei welchen die Zustimmung zur Abtretung verweigert werden darf. Ferner kann gemäss Statut die Abtretung ausgeschlossen oder die Zustimmung verweigert werden, wenn die Gesellschaft dem Veräusserer die Übernahme zum wirklichen Wert anbietet sowie wenn Zweifel an der Erfüllung von allfälligen Nachschuss- oder Nebenleistungspflichten durch den Käufer bestehen und eine von der Gesellschaft geforderte Sicherstellung nicht geleistet wird.

Die Abtretung von Stammanteilen wird erst mit der Zustimmung der Gesellschafterversammlung rechtswirksam. Diese kann statutarisch ausgeschlossen werden.

c) **Genossenschaft**

Die Beteiligungsrechte an einer Genossenschaft qualifizieren als Genossenschaftsanteile. Die rechtsgeschäftliche Abtretung der Genossenschaftsanteile und bei verbrieften Genossenschaftsanteilen die Übertragung der Urkunden genügt für die Übertragung des Beteiligungsrechts allein nicht. Genossenschafter wird der Erwerber gemäss Gesetz und Statut erst durch Aufnahmebeschluss (Art. 849 Absatz 1 OR). Mangelt es am Aufnahmebeschluss, so steht die Ausübung der persönlichen Mitgliedschaftsrechte dem Veräusserer zu (Art. 849 Absatz 2 OR). Ist die Zughörigkeit zu einer Genossenschaft mit einem Vertrage verknüpft, wie beispielsweise der Mietvertrag bei einer Wohnbaugenossenschaft, so können die Statuten bestimmen, dass die Mitgliedschaft mit der Übernahme des Vertrages ohne weiteres auf den Käufer übergeht.

Die Mitgliedschaft ist bei der Genossenschaft von zentraler Bedeutung. Die Person des neuen Mitglieds und mithin des neuen Genossenschafters ist oftmals von grösserer Bedeutung als dessen Kapitalbeteiligung. Dies führt bei fehlendem Aufnahmebeschluss nach Art. 849 Absatz 2 OR zu einer gesetzeskonformen Aufspaltung von persönlichen Mitgliedschaftsrechten und Vermögensrechten (Art. 859 und 861 OR).

Bei der Genossenschaft gilt der Grundsatz der offenen Tür (Art. 839 OR), wonach jederzeit neue Mitglieder aufgenommen werden können. Die Statuten können die Grundsätze des Beitritts näher festlegen, aber nicht übermässig erschweren. Zuständig für den Aufnahmebeschluss ist gemäss gesetzlicher Vermutung die Verwaltung, soweit nicht nach den Statuten entweder die blosse Beitrittserklärung genügt oder ein Beschluss der Generalversammlung nötig ist (Art. 840 Absatz 3 OR). Blosse Beitrittserklärungen genügen bei grossen Genossenschaften, wie beispielsweise bei Migros oder Coop, wo die Person des neuen Genossenschafters weit weniger im Vordergrund steht als bei den kleineren Genossenschaften.

d) Personengesellschaften

Als Personengesellschaften qualifizieren die einfache Gesellschaft (Art. 530 ff. OR), die Kollektivgesellschaft (Art. 552 ff. OR) und die Kommanditgesellschaft (Art. 594 ff. OR). Bei der Übertragung von Beteiligungsrechten an Personengesellschaften spielt die Person des neuen Gesellschafters eine massgebende Rolle, was in der Gesetzeslage zum Ausdruck kommt.

Bei der einfachen Gesellschaft kann ein Dritter mit Zustimmung der übrigen Gesellschafter in die Gesellschaft aufgenommen werden. Die Vereinbarung eines Gesellschafters mit einem Dritten über die Abtretung seiner Anteile bedarf der Zustimmung der übrigen Gesellschafter (Art. 542 OR).

Bei der Kollektivgesellschaft ist für die Abtretung bestehender Beteiligungsrechte bzw. für die Aufnahme neuer Gesellschafter der Gesellschaftsvertrag massgebend. Der Gesellschaftsvertrag ist formfrei gültig und kann mithin auch mündlich abgeschlossen werden. Sofern der Gesellschaftsvertrag keine Bestimmungen über die Abtretung von Gesellschaftsanteilen enthält, kommen die Bestimmungen zur einfachen Gesellschaft zur Anwendung, worauf ausdrücklich verwiesen wird (Art. 557 Absatz 2 OR). Wesentlich für den neuen Gesellschafter ist der Hinweis, wonach er nach Art. 569 OR mit seinem ganzen Vermögen auch für die vor seinem Beitritt entstandenen Verbindlichkeiten der Gesellschaft haftet. Eine entgegenstehende Verabredung unter den Gesellschaftern hat Dritten gegenüber keine Wirkung (Art. 569 Absatz 2 OR).

Bei der Kommanditgesellschaft ist für die Abtretung bestehender Beteiligungsrechte bzw. für die Aufnahme neuer Gesellschafter der Gesellschaftsvertrag massgebend. Dieser ist wiederum formfrei und mithin auch mündlich gültig. Mangels vertraglicher Absprachen zur Abtretung bestehender Beteiligungsrechte kommen unter Vorbehalt der gesetzlichen Bestimmungen zur Kommanditgesellschaft die Vorschriften über die Kollektivgesellschaft und mithin auch diejenigen der einfachen Gesellschaft zur Anwendung. Gemäss ausdrücklicher gesetzlicher Bestimmung haftet nicht nur der Vollhafter (Komplementär), sondern auch der beschränkt haftende Gesellschafter (Kommanditär) im Umfang seiner Kommanditsumme für die vor seinem Beitritt entstandenen Verbindlichkeiten der Gesellschaft. Eine entgegenstehende Verabredung unter den Gesellschaftern hat Dritten gegenüber keine Wirkung (Art. 612 Absatz 2 OR).

§ 7 Drittwirkung durch Verträge oder Gesetz

1. Change-of-Control-Klauseln

Die Übertragung von Verträgen ist im Rahmen eines Share-Deals unproblematischer als bei einem Asset-Deal, wiewohl aufgrund der Art. 69 ff. des Fusionsgesetzes (FusG) die Singularsukzession der einzelnen Aktiven und Verpflichtungen durch diese Spezialbestimmungen ersetzt wurde. Die Rechte und Pflichten der im Handelsregister eingetragenen Gesellschaften gehen gemäss Art. 70 ff. FusG mit der Eintragung im Handelsregister von Gesetzes wegen auf den übernehmenden Rechtsträger über, was einer Globalsukzession gleichkommt. Dies gilt gemäss Art. 76 FusG unter Vorbehalt von Art. 333 OR auch für die übertragenen Arbeitsverhältnisse. Der Gläubiger- und Arbeitnehmerschutz erfolgt gemäss Art. 75 FusG während dreier Jahre durch Solidarhaftung der bisherigen Schuldner mit dem neuen Schuldner für die vor der Vermögensübertragung begründeten Schulden.

Nachfolgend wird die Übertragung einzelner Verträge im Zusammenhang mit dem Kauf und Verkauf von Unternehmen wegen gewissen Eigenheiten und insbesondere mit Bezug auf die darin relativ häufig anzutreffenden sogenannten «Change-of-Control-Klauseln» gesondert dargestellt.

a) Arbeitsverträge

Nach Art. 333 OR gehen die Arbeitsverhältnisse im Rahmen eines Asset-Deal mit dem Betrieb oder dem Betriebsteil auf den Dritten über, sofern der Arbeitnehmer den Übergang nicht ablehnt. Bei Ablehnung des Übergangs wird das Arbeitsverhältnis auf den Ablauf der gesetzlichen Kündigungsfrist aufgelöst, wobei beide Vertragsparteien bis zum Ablauf der Kündigungsfrist zur Vertragserfüllung verpflichtet bleiben.

Es gelten nach Art. 333a OR beim Asset-Deal übrigens gewisse Informationspflichten dergestalt, dass der bisherige Arbeitgeber bei der Übertragung eines Betriebs oder Betriebsteils die Arbeitnehmervertretung, und wo eine solche fehlt, die betroffenen Arbeitnehmer selbst rechtzeitig vor dem Vollzug des Übergangs (a) über den Grund des Übergangs und (b) über die rechtlichen, wirtschaftlichen und sozialen Folgen des Übergangs für die Arbeitnehmer zu informieren hat. Die Arbeitnehmervertreter und ersatzweise die

Arbeitnehmer sind hinsichtlich des Übergangs im Rahmen dieser Informationspflicht insbesondere über beabsichtigte Massnahmen, welche die Arbeitnehmer betreffen, rechtzeitig und mithin vor dem Entscheid über diese Massnahmen zu konsultieren.

Im Gegensatz zum Asset-Deal muss beim Share-Deal die Zustimmung des drittberechtigten Vertragspartners grundsätzlich nicht eingeholt werden. Dies gilt allerdings vorbehältlich der sogenannten Change-of-Control-Klauseln, wonach der Verkäufer des Unternehmens und der Arbeitnehmer zuvor im Arbeitsvertrag vereinbart haben, dass ein Kündigungsrecht des Arbeitnehmers bestehe, falls die Kontrollverhältnisse bzw. die Mehrheitsverhältnisse mit Bezug auf das zu übertragende Unternehmen ändern sollten. Das Kündigungsrecht bei Änderung der Mehrheitsverhältnisse wird bei leitenden Arbeitnehmern vielfach durch eine Abgangsentschädigung in Höhe von oftmals mehreren Monatslöhnen ergänzt. Der Käufer tut demnach im Rahmen seiner Due Diligence gut daran, sich nach möglichen Change-of-Control-Klauseln kundig zu machen.

b) Lizenzverträge

Lizenzverträge beruhen in erheblichem Mass auf Vertrauen, weshalb sich der Lizenzgeber in Lizenzverträgen im Falle von wesentlichen Änderungen der Beteiligungsverhältnisse beim Lizenznehmer und insbesondere bei dessen Erwerb durch einen innerhalb des Vertragsgebietes tätigen Konkurrenten nicht selten das Recht zur vorzeitigen und entschädigungslosen Kündigung vorbehält[23]. Im Einzelfall durchaus sinnvoll und in der Praxis gelegentlich anzutreffen ist ein analoges Kündigungsrecht des Lizenznehmers.

c) Weitere Verträge

Bei der Vermögensübertragung im Sinne des Asset-Deal gehen die Aktiven und Verpflichtungen (Passiven) gemäss Art. 73 Abs. 2 FusG mit der Eintragung ins Handelsregister von Gesetzes wegen auf den übernehmenden Rechtsträger über. Es sind indes auch in weiteren Verträgen die vorerwähnte Change-of-Control-Klauseln zu finden, so beispielsweise zugunsten der Kre-

---

[23] Tschäni Rudolf, M & A-Transaktionen nach Schweizer Recht, Zürich, Basel, Genf, 2003, S. 51, RZ 13.

ditgeber bei Darlehensverträgen und bei Obligationenanleihen, wo den Obligationären bei einem Wechsel der Eigentumsverhältnisse in Einzelfällen das Recht eingeräumt wird[24], ihre Forderungen befriedigen oder zumindest sicherstellen zu lassen. Damit können sich die Obligationäre gegen eine allfällige Verwässerung der Bonität ihres Schuldners schützen. Grund zur Verwässerung sind die unterschiedlichen Bonitäten der an der Vermögensübertragung beteiligten Unternehmen. Die Vertragsparteien sollten sich vorzugsweise im Rahmen einer Due Diligence zur Erledigung der Anstände aus solchen Verträgen vereinbaren.

2. BVG

Die Grundlage zum BVG (Bundesgesetz über die berufliche Alters-, Hinterlassenen- und Invalidenvorsorge vom 25. Juni 1982) findet sich u.a. im Stiftungsrecht gemäss Art. 89bis ZGB (Personalvorsorgestiftungen) und im Arbeitsvertragsrecht gemäss Art. 331 bis 331e OR (Personalvorsorge). Es stehen mehrere Formen der Personalvorsorgeeinrichtungen zur Verfügung.

Gemäss Art. 331 Absatz 1 OR kann die Personalvorsorge in Form einer Stiftung, einer Genossenschaft oder einer Einrichtung des öffentlichen Rechts (Auffangeinrichtungen) organisiert werden. Hinsichtlich der Form der Stiftung sei auf die grundlegende Bestimmung in Art. 89bis ZGB (Personalfürsorgestiftungen) verwiesen. Zuwendungen der Arbeitgeber und Beiträge der Arbeitnehmer müssen auf einen von diesen gemäss Art. 331 Absatz 1 OR vorgesehenen und mithin vom Arbeitgeber unabhängigen Rechtsträger übertragen werden. Die Übertragung an einen vom Arbeitgeber unabhängigen Rechtsträger ist definitorisch.

Gemäss Art. 331 Absatz 2 OR können die Zuwendungen des Arbeitgebers und allfällige Beiträge des Arbeitnehmers für die Personalvorsorge zu dessen Gunsten auch bei einer der Versicherungsaufsicht unterstellten Unternehmung oder einer anerkannten Krankenkasse geleistet werden, sofern dem Arbeitnehmer bei Eintritt des Versicherungsfalles ein selbständiges Forderungsrecht gegen den Versicherungsträger zusteht. Im Falle der Vorsorge bei einer der Versicherungsaufsicht unterstellten Unternehmung oder einer aner-

---

[24] Tschäni Rudolf, M & A-Transaktionen nach Schweizer Recht, Zürich, Basel, Genf, 2003, S. 51, RZ 13.

kannten Krankenkasse sowie bei Sammel- oder Gemeinschaftsstiftungen erfolgen die Zuwendungen der Arbeitgeber und die Beiträge der Arbeitnehmer auf der Grundlage eines sogenannten Anschlussvertrages. Bei diesen Vorsorgelösungen sind der Anschlussvertrag und das selbständige Forderungsrecht des Arbeitnehmers bzw. Versicherten gegen den Versicherungsträger definitorisch.

Kommt es im Rahmen des Kaufs oder Verkaufs von Unternehmen zum Wechsel und mithin zur integralen oder teilweisen Auflösung von Vorsorgeeinrichtungen oder von Anschlussverträgen, so liegt entweder eine Gesamtliquidation oder zumindest Teilliquidation von Vorsorgeeinrichtungen oder die Auflösung eines Anschlussvertrages vor. Das individuell zurechenbare Vorsorgekapital des Arbeitnehmers steht diesem im Rahmen der Freizügigkeit ungeachtet der Form der Vorsorgeeinrichtung vollumfänglich zu. Über seine allfälligen Anteile an freien Mitteln, an Arbeitgeberreserven, an Kapital für Sondermassnahmen und an Rückstellungen unter anteiligem Abzug eines allfälligen Defizits der Vorsorgeeinrichtung ist im Rahmen der Gesamt- oder Teilliquidation der Vorsorgeeinrichtung oder der Auflösung des Anschlussvertrages abzurechnen.

Gegenstand der Abrechnung ist der Verteilungsplan. Ob die Voraussetzungen einer Gesamt- oder Teilliquidation erfüllt sind und über den Verteilungsplan entscheidet die Aufsichtsbehörde gemäss Art. 23 des Bundesgesetzes über die Freizügigkeit in der beruflichen Alters-, Hinterlassenen- und Invalidenvorsorge (Freizügigkeitsgesetz oder FZG). Massgebend für den Vollzug der Auflösung eines Anschlussvertrages sind die «Richtlinien über die Prüfung der Auflösung von Anschlussverträgen sowie des Wiederanschlusses des Arbeitgebers» des Bundesamtes für Sozialversicherungen vom 23. Dezember 1992. Diese Richtlinien umschreiben die Minimalanforderungen bei Auflösung bzw. Wiederanschluss[25].

Die vorstehenden Ausführungen zur Auflösung von Anschlussverträgen und zur Gesamt- oder Teilliquidation von selbständigen Vorsorgeeinrichtungen gelten sowohl für das obligatorische als auch das überobligatorische BVG mit reglementarischen Ansprüchen der Arbeitnehmer bzw. der Versicherten.

---

[25] Helbling Carl, Personalvorsorge und BVG, 7. Auflage, Bern, Stuttgart, Wien 2000, S. 589 ff.

Ausgenommen sind lediglich patronale Zusatzeinrichtungen, ohne jegliche reglementarischen Verpflichtungen. Sind diese als Stiftungen organisiert, gelten insoweit immerhin die allgemeinen stiftungsrechtlichen Bestimmungen in Art. 80 ff. ZGB.

Zusammenfassend ist bei Kauf und Verkauf von Unternehmen entscheidend, ob das zu übertragende Unternehmen nach Verkauf trotz Wechsel der Eigentumsverhältnisse unverändert weitergeführt wird oder nicht. Sollte dies nicht der Fall sein, sind bei Versicherungslösungen die Regeln über die Auflösung von Anschlussverträgen und bei selbständigen Vorsorgeeinrichtungen die Bestimmungen zur Gesamt- oder Teilliquidation insbesondere gemäss Art. 23 FZG zu beachten. Letzteres kommt bei Kauf und Verkauf von Unternehmen bei Fusionen, sei es die Absorptionsfusion oder die Kombinationsfusion, in Betracht, wobei der Vollständigkeit halber ausdrücklich auf die Möglichkeit der Fusion, Umwandlung und Vermögensübertragung von Vorsorgeeinrichtungen gemäss Art. 88 ff. FusG hingewiesen sei. Demgemäss ist aufgrund des Grundsatzes in Art. 88 Absatz 2 FusG die Fusion von Vorsorgeeinrichtungen allerdings nur zulässig, wenn dabei der Vorsorgezweck sowie die Rechte und Ansprüche der Versicherten im Sinne des Besitzstandes gewahrt bleiben.

Eine Abrechnung über die Ansprüche der versicherten Arbeitnehmer kann nur ausnahmsweise dann gemäss Art. 21 FZG (Wechsel innerhalb einer Vorsorgeeinrichtung) unterbleiben, wenn die betroffenen Unternehmen (Arbeitgeber) bei derselben Vorsorgeeinrichtung angeschlossen sind und die versicherten Personen zwar das Vorsorgewerk oder den Vorsorgeplan wechseln, aber das Reglement für die versicherte Person eine mindestens ebenso günstige Regelung vorsieht (Besitzstandwahrung mit Bezug auf die freien Mittel).

§ 8 Besondere Käufe

1. Management Buy-out (MBO)

Das Management Buy-out (MBO) kommt beim Kauf und Verkauf von Unternehmen in der Grösse von KMU sehr häufig vor, weshalb auf diese Art des Kaufs nachfolgend vertieft eingetreten wird. Wegen der Häufigkeit dieser Art des Kaufs werden wesentliche steuerrechtliche und zivilrechtliche Folgen des Unternehmenskaufs im Zusammenhang mit dem MBO abgehandelt.

a) Ausgangslage

Beim MBO wird das Unternehmen nicht durch aussenstehende Dritte, sondern durch die Geschäftsführung sowie durch leitende Mitarbeiter des Unternehmens gekauft. Dieser Unternehmenskauf folgt an sich den allgemeinen Regeln, wie sie beim Unternehmenskauf durch Dritte gelten. Speziell und oftmals problematisch ist beim MBO insbesondere die Finanzierung des Unternehmenskaufs. Die problematische Seite der Finanzierung dieses Unternehmenskaufs hat sowohl zivilrechtliche als auch steuerrechtliche Aspekte.

Da es den Käufern oftmals an ausreichenden Eigenmitteln und an der Möglichkeit zur Fremdfinanzierung fehlt, kommt der Unterscheidung in betriebsnotwendiges und nicht betriebsnotwendiges Vermögen des Unternehmens eine gewichtige Rolle zu. Unter Umständen wird selbst betriebsnotwendiges Vermögen (vorerst) beim Verkäufer belassen und den Käufern bzw. dem Unternehmen mietweise zur Verfügung gestellt. Beispielhaft für diese Vorgehensweise ist die mietweise Überlassung der Betriebsliegenschaft, wodurch der Kaufpreis für den Unternehmenskauf genauso wie bei der Aussonderung des nicht betriebsnotwendigen Vermögens tiefer ausfällt.

Im Übrigen überführt der Verkäufer vor dem Unternehmensverkauf oft erhebliche nicht betriebsnotwendige Vermögenswerte vom Geschäfts- in sein Privatvermögen. Dabei wird das steuerlich massgebliche Buchwertprinzip gegen das Einstandswertprinzip getauscht. Dies führt dazu, dass die im Geschäftsvermögen zulässigen Abschreibungen auf dem Anlagevermögen zufolge Überführung ins Privatvermögen des Verkäufers rückgängig gemacht bzw. wieder aufgerechnet und besteuert werden. Beim Unternehmen selbst fällt die Gewinnsteuer zufolge (realisierter) Aufwertung an. Beim (noch) beteiligten Verkäufer liegt eine Sachdividende vor.

Als Sachdividende wird beim Verkäufer der Nettozugang (Aktiven minus Verpflichtungen) im Umfang der Differenz von Buchwert zum in der Regel höheren Einstandswert mit der Einkommenssteuer erfasst. Gemildert wird diese wirtschaftliche Doppelbelastung von Unternehmen und von beteiligtem Verkäufer in vielen Kantonen und beim Bund durch eine reduzierte Besteuerung der Beteiligungserträge, wozu auch die Sachdividende gehört. Im Bund gilt Art. 20 Absatz 1bis des Bundesgesetzes über die Direkte Bundessteuer (DBG), wonach Dividenden und Gewinnanteile aus Aktien bzw. Beteiligungen, die mindestens 10% am Grund- oder Stammkapital von Kapitalgesellschaften oder Genossenschaften ausmachen, lediglich zu 60% steuerbar sind. Die Milderung der wirtschaftlichen Doppelbelastung geht in den Kantonen vielfach weiter.

Bei einem MBO kennt die kaufwillige Geschäftsführung des Unternehmens den Betrieb, weshalb sich die Due Diligence bei diesem Unternehmenskauf erübrigt. Der Kauf wird insoweit einfacher, wogegen die Finanzierung und die Kaufabwicklung im Vergleich zu einem Unternehmenskauf durch einen kapitalkräftigen Dritten in vielen Fällen komplizierter werden.

Ein MBO kommt u.a. bei folgenden Ausgangslagen häufig vor:
- In einem Familienunternehmen steht der Generationenwechsel an. Entweder fehlt es an einer nachfolgenden Generation oder diese ist an einer Unternehmensübernahme desinteressiert oder zur Geschäftsführung unfähig. Die bisherige Geschäftsleitung ist indes fähig und zum Risiko des Unternehmenskaufs bereit.

- Eine ausländisch beherrschte Tochtergesellschaft in der Schweiz steht zum Verkauf. Die Geschäftsführung möchte ihre bisherigen Erwerbsgrundlagen sichern. Die ausländische Muttergesellschaft gibt der Geschäftsführung der Tochtergesellschaft die Chance, das Unternehmen zu erwerben.

- Eine kotierte oder nicht kotierte Publikumsgesellschaft wird zum Übernahmeobjekt. Die Geschäftsführung will missliebige Käufer fernhalten, weshalb sie sich zum MBO entschliesst. Das verkaufswillige Publikum

folgt der respektiven Offerte, wodurch die Publikumsgesellschaft sich in ein privat gehaltenes Unternehmen wandelt.
- Ein KMU-Unternehmen wird zum Sanierungsfall. Einzelne Mitglieder der Geschäftsführung entwickeln ein Sanierungskonzept und entschliessen sich zum MBO. Für die Finanzierung des Kaufpreises schliessen sie sich mit externen Investoren zusammen, die weiteres Fremdkapital oder (privilegiertes) Eigenkapital oder beides zusammen aufbringen.

b) Kauf

Das Vorgehen beim Unternehmenskauf im Rahmen eines MBO ist vielfältig und hängt wesentlich davon ab, ob ein oder mehrere Mitglieder der Geschäftsleitung beim MBO mitmachen. In Frage kommen Vermögensübertragung (Asset-Deal), also Verkauf von einzelnen Aktiven und Verpflichtungen, oder Beteiligungskauf (Share-Deal), oft Aktienkauf.

Im Falle des Asset-Deals werden die respektiven Aktiven und Verpflichtungen auf einen neuen Rechtsträger übertragen, der mit dem betriebsnotwendigen Vermögen den Betrieb fortführt. Die Käufer beteiligen sich entweder direkt an der neuen Betriebsgesellschaft oder diese wird als Tochtergesellschaft über eine ebenfalls neue Beteiligungs- oder Holdinggesellschaft stets gemäss vereinbarter Proportion zwischen mehreren Käufern gehalten.

Im Falle des Share-Deals werden die Beteiligungsrechte (Vermögens- und Mitwirkungsrechte) gemäss ausgehandelter Proportion entweder direkt auf die Käufer oder gesamthaft auf einen neuen Rechtsträger übertragen, der als Beteiligungs- oder Holdinggesellschaft ausgestaltet ist. Die Holdinggesellschaft hält die Betriebsgesellschaft regelmässig als hundertprozentige Tochtergesellschaft. Diese führt den bestehenden Betrieb nach Aussonderung des nicht betriebsnotwendigen Vermögens im Rahmen des bisherigen Rechtsträgers grundsätzlich unverändert fort.

Für die zivil- und steuerrechtlichen Folgen ist von ausschlaggebender Bedeutung wer, was, wem und mit welchen Sicherheiten im Rahmen des Unternehmenskaufs insbesondere beim MBO den Kauf finanziert. Im Vordergrund einer zivil- und steuerrechtlich kritischen Würdigung steht die Finanzierung zulasten des Kaufobjektes, oft auch als Zielobjekt des Unternehmenskaufs bezeichnet. Sowohl die Entnahme von flüssigen Mitteln als auch die Belas-

§ 8 Besondere Käufe

tung von Aktiven des Unternehmens zwecks Sicherung von respektiven Krediten an die Käufer des Unternehmens sind kritisch zu würdigen. Steuerrechtlich spricht man bei diesem Tatbestand von «faktischer Teilliquidation» des Unternehmens. Zivilrechtlich spricht man beim Tatbestand des Darlehens an Beteiligte von verbotener faktischer Kapitalrückzahlung bzw. von einer faktischen Dividende, die wider den Drittvergleich gewährt werden. Der Gesellschaft steht gestützt auf Art. 678 OR ein Rückerstattungsanspruch zu. Je nach Bilanz- und Vermögenslage der Gesellschaft können solche Darlehen des Zielobjektes an seine Käufer und nachmaligen Aktionäre des Unternehmens ein Klumpenrisiko darstellen oder zweckwidrig sein, zumal es sich beim Zielobjekt in der Regel um eine Betriebsgesellschaft und nicht um eine Finanzierungsgesellschaft handelt. Die Finanzierung der Käufer mittels Darlehen ist durch den Gesellschaftszweck meistens nicht gedeckt, womit zivilrechtlich die Verantwortlichkeit des Verwaltungsrates zumindest angesprochen ist.

Nachfolgend werden im Sinne eines Exkurses (A) die steuerrechtlichen und (B) die zivilrechtlichen Folgen des Unternehmenskaufs mit ihrem Risikogehalt am Beispiel des bei KMU häufigen MBO erörtert:

(Beginn Exkurs betreffend steuerrechtliche und zivilrechtliche Folgen)

A   Steuerrechtliche Folgen

a)   **Finanzierungsverhältnis**

Werden im Rahmen eines MBO eine neue Betriebsgesellschaft oder eine neue Beteiligungs- bzw. Holdinggesellschaft gegründet, so ist dem Finanzierungsverhältnis, also dem Verhältnis von Fremd- zu Eigenkapital, genügend Beachtung zu schenken. Die neue Betriebsgesellschaft dient beim Asset-Deal der Aufnahme der betriebsnotwendigen Aktiven und der zugehörigen Verpflichtungen, wogegen die neue Holdinggesellschaft die bisherige oder die neue Betriebsgesellschaft als (hundertprozentige) Tochtergesellschaft oft für mehrere Käufer hält.

Bei der Beteiligungs- oder Holdinggesellschaft darf das von Beteiligten oder Nahestehenden gehaltene verzinsliche Fremdkapital nicht mehr als das sechsfache des Eigenkapitals der Gesellschaft betragen, ansonsten der überschiessende Teil der respektiven Darlehen als verdecktes Eigenkapital qualifiziert und die Schuldzinsen steuerlich nicht zum Abzug zugelassen werden.

Bei der Betriebsgesellschaft (Handels- oder Fabrikationsunternehmen) gelten ähnliche Schranken zum Finanzierungsverhältnis wie bei der Beteiligungs- oder Holdinggesellschaft.

Bei Immobiliengesellschaften beträgt das steuerlich zulässige Finanzierungsverhältnis $^4/_5$ Fremdkapital zu $^1/_5$ Eigenkapital.

Für die Überprüfung des Finanzierungsverhältnisses sind je nach Gesetzgebung die Buchwerte (vgl. dazu BGE 109 Ia 97 ff.) oder die Verkehrswerte (vgl. BGE 106 Ib 320 ff. unter Verweisung auf das Merkblatt der Eidgenössischen Steuerverwaltung betreffend verdecktes Eigenkapital bei Immobiliengesellschaften) massgebend. Bei einem zu hohen Anteil an Fremdfinanzierung wird unterstellt, dass die Darlehen von unabhängigen Dritten nicht gewährt worden wären, weshalb sie in gewissen Kantonen selbst bei echter Fremdfinanzierung (vgl. Verweisungen in BGE 109 Ia 101) als verdecktes Eigenkapital behandelt werden. Die Steuerfolgen sind dergestalt, dass, wie erwähnt, die übermässigen Schuldzinsen steuerlich nicht abgezogen werden können und das übermässige Fremdkapital der Kapitalsteuer unterliegt.

b)   Teilliquidationstheorie

Gemäss Art. 20 Absatz 1 lit. c DBG sind nebst Dividenden jede Form von geldwerten Vorteilen auf beweglichem Vermögen einkommensteuerpflichtig. Dies gilt gemäss vorerwähnter gesetzlicher Bestimmung ausdrücklich auch für Liquidationsüberschüsse. Als Liquidationsüberschüsse gelten alle Leistungen der Gesellschaft an ihre Beteiligten, soweit es sich nicht um Kapitalrückzahlung handelt. Die Kapitalrückzahlung folgt seit dem 1. Januar 2011 den Grundsätzen des Kapitaleinlageprinzips, welches das bisherige Nennwertprinzip abgelöst hat. Gemäss Kapitaleinlageprinzip können die Einlagen der Beteiligten auf Grundkapital oder als Aufgeld (Agio) in die Reserven sowie Zuschüsse insbesondere im Sanierungsfall rückwirkend für die Zeit ab dem 31. Dezember 1996 steuerfrei zurückgezahlt werden (Art. 20 Absatz 3 DBG). Die steuerfreien Rückzahlungen an die Inhaber der Beteiligungsrechte sind indes an bestimmte Voraussetzungen gebunden. Die Voraussetzungen können Art. 20 Abs. 3 in Verbindung mit Art. 125 Abs. 3 DBG sowie Art. 5 1bis des Bundesgesetzes über die Verrechnungssteuer (VStG) sowie dem Kreisschreiben Nr. 29 der Eidgenössischen Steuerverwaltung vom 9. Dezember 2010 entnommen werden.

Als Kapitalrückzahlung gemäss Kapitaleinlageprinzip und nicht als steuerbarer Liquidationsüberschuss qualifizieren danach die Rückzahlung von Einlagen, Aufgeldern (Agio) und Zuschüssen, die von den Inhabern der Beteiligungsrechte nach dem 31. Dezember 1996 geleistet worden sind. Diese Rückzahlungen werden analog dem Grund- oder Stammkapital behandelt. Vorausgesetzt wird allerdings, dass gemäss Art. 125 Abs. 3 DBG die Kapitalgesellschaften und Genossenschaften das für die Gewinnsteuer massgebliche Eigenkapital jeweils am Ende der Steuerperiode oder der Steuerpflicht ausweisen. Auszuweisen sind folgende Elemente: einbezahltes Grund- oder Stammkapital, die in der Handelsbilanz ausgewiesenen Einlagen, Aufgelder (Agio) und Zuschüsse gemäss Art. 20 Abs. 3 DBG, die offenen und die aus versteuertem Gewinn gebildeten stillen Reserven sowie jener Teil des Fremdkapitals, dem wirtschaftlich die Bedeutung von Eigenkapital zukommt (verdecktes Eigenkapital).

Als Liquidationsüberschüsse steuerbar sind demgegenüber bei förmlicher Teilliquidation qua Kapitalherabsetzung und bei materieller oder faktischer Teilliquidation sowie beim Handel mit einem Aktienmantel der Erlös aus liquidierten Aktiven nach Abzug des Fremdkapitals sowie nach Abzug der respektiven Kapitaleinlagen. Faktische Teilliquidation liegt vereinfachend sowie schematisierend beispielsweise vor, wenn

- der Käufer liquide Mittel des Kaufobjektes verwendet, um damit gegenüber dem Verkäufer die Kaufpreisschuld zu tilgen. Der Verkäufer hätte in diesem Fall die liquiden Mittel als Teil des nicht betriebsnotwendigen Vermögens vor Verkauf der Gesellschaft als einkommenssteuerpflichtige Dividende beziehen müssen und kann somit nicht steuerfreien Kapitalgewinn geltend machen;
- das Kaufobjekt bzw. das gekaufte Unternehmen seine Aktiven zur Sicherung der Kaufpreisschuld und insbesondere zur Sicherung des Verkäuferdarlehens verpfändet;

- das Kaufobjekt dem Käufer ein Darlehen gewährt, welches dieser weder rückzahlen will noch aus eigenen Kräften kann. Das Darlehen hält dem Drittvergleich nicht stand.

Kennzeichen der beim Verkäufer als Vermögensertrag steuerbaren geldwerten Leistung aus indirekter Teilliquidation ist, dass dieser die faktische Teilliquidation selbst eingeleitet hat, der Käufer des Unternehmens und mithin regelmässig der Beteiligung buchführungspflichtig ist und der Kaufpreis für die Beteiligung die Kapitaleinlagen des bisher beteiligten Inhabers der Beteiligungsrechte übersteigt. Kurzum die Finanzierung des Unternehmenskaufs erfolgt aus liquiden Mitteln dieses Unternehmens, des Zielobjektes, wobei diese Mittel dem Zielobjekt nicht mehr zugeführt werden sowie der Käufer infolge seiner Buchführungspflicht die erworbene Beteiligung im Umfang der Ausschüttung zulasten seines steuerbaren Reinertrags abschreiben kann. Die Finanzierung hält einem Drittvergleich nicht stand, weshalb steuerbares Einkommen oder konkret Vermögensertrag in dem Umfang vorliegt, als der Kaufpreis die Kapitaleinlagen (vormals Nennwert) der fraglichen Beteiligung übersteigt. Objektiv liegt eine geldwerte Leistung des Zielobjektes und nicht eine Leistung des Käufers der Beteiligung vor. Illustrativ zur steuerwirksamen Teilliquidation nicht selten im Zusammenhang mit einem MBO sind drei Bundesgerichtsentscheide allesamt aus dem Jahre 1989. Es handelt sich um die Bundesgerichtsentscheide (BGE) 115 Ib 238 (eigentlich ein Transponierungsfall), BGE 115 Ib 249 und BGE 115 Ib 256.

c) **Transponierungstheorie**

Übernimmt ein Käufer unmittelbar im Rahmen eines MBO die Beteiligung an einer Betriebsgesellschaft und bringt er diese in seine neu gegründete und mithin allein beherrschte Beteiligungsgesellschaft ein, so liegt ein klassischer «Share-Deal» vor. Werden dabei die Beteiligungsrechte der Betriebsgesellschaft zu einem über dem Wert der Kapitaleinlagen (vormals Nominalwert) liegenden Anrechnungswert als Sacheinlage gegen Aktien oder gegen Darlehen in die Beteiligungsgesellschaft eingebracht oder eben veräussert, so erzielt der Veräusserer keinen steuerfreien Kapitalgewinn auf Privatvermögen, sondern einen steuerbaren Beteiligungsertrag (Vermögensertrag). Der Verkäufer transponiert seinen latenten Anspruch auf Ausschüttung von nicht zu den Kapitaleinlagen gehörenden Gesellschaftsmitteln der Betriebsgesellschaft (freie Reserven, thesaurierte Gewinne) in andere Beteiligungsrechte

§ 8 Besondere Käufe

mit höherem Nennwert und/oder in eine Darlehensforderung, deren Rückzahlung beim Aktionär kein steuerpflichtiger Beteiligungsertrag mehr darstellt. Das bei der Betriebsgesellschaft mit Steuerlatenz behaftete Ausschüttungssubstrat wird gegen Beteiligungsrechte ausgetauscht, bei denen diese Steuerlatenz ganz oder zumindest teilweise entfällt (vgl. dazu den Fall der weitgehend klassischen Transponierung in BGE 115 Ib 238 ff. sowie die beispielhaften Fälle der Transponierung im Kreisschreiben Nr. 29 der Eidgenössischen Steuerverwaltung vom 9. Dezember 2010, Seiten 18/19). Hält der Verkäufer der Beteiligungsrechte seine zu veräussernde Beteiligung im Privatvermögen, liegt aufgrund dieser Transponierung ins Geschäftsvermögen kein steuerfreier privater Kapitalgewinn, sondern steuerbarer Vermögensertrag vor. Es handelt sich letztlich wiederum um einen Fall der indirekten Teilliquidation.

Der vorerwähnte Tatbestand der Transponierung gilt selbst dann, wenn der Verkäufer und mithin Steuerpflichtige die Beteiligungsgesellschaft nicht allein beherrscht, sondern lediglich im wesentlichen Ausmass beteiligt ist. Es genügt also die Beherrschung aufgrund des Zusammenwirkens mehrerer, wie dies bei einem MBO oft dann der Fall ist, wenn mehrere Käufer auftreten und die Betriebsgesellschaft über eine gemeinsame Beteiligungsgesellschaft (Holdinggesellschaft) kaufen. Zum Fall des konzertierten Zusammenwirkens in casu von drei Familienmitgliedern äussert sich im bejahenden Sinn ausdrücklich der vorerwähnte BGE 115 Ib S. 245 ff.

Wird zu einem späteren Zeitpunkt die Betriebsgesellschaft in eine Beteiligungsgesellschaft eingebracht, so liegt wirtschaftlich und steuerrechtlich ein Verkauf an sich selbst vor. Es liegt keine echte Veräusserung und mithin kein steuerfreier Kapitalgewinn auf Privatvermögen vor, weshalb bei erfüllten vorerwähnten Voraussetzungen (höhere Kapitaleinlagen der Beteiligungsgesellschaft oder Gutschrift für die Sacheinlage auf Darlehensforderung gegen die Beteiligungsgesellschaft) wegen klassischer Transponierung ebenfalls steuerbarer Vermögensertrag und nicht ein steuerfreier privater Kapitalgewinn erzielt wird.

d) Gesetzgebung zur indirekten Teilliquidation und Transponierung

Der Bund und die Kantone haben begonnen, die durch die vorstehend zusammengefasste Rechtsprechung erarbeiteten Teilliquidations- und Transponierungstheorien in ihrer Steuergesetzgebung positiv-rechtlich zu regeln.

Im Bundesgesetz über die direkte Bundessteuer (DBG) wird die indirekte Teilliquidation in Art. 20a Absatz 1 lit. a. und die Transponierung in Art. 20a Absatz 1 lit b. DBG im Rahmen des Einkommens aus beweglichem Vermögen mit Wirkung ab 1. Januar 2007 geregelt.

Als steuerbares Einkommen aus beweglichem Vermögen aus indirekter Teilliquidation qualifiziert der Erlös aus dem Verkauf einer Beteiligung von mindestens 20 Prozent am Grund- oder Stammkapital einer Kapitalgesellschaft oder Genossenschaft aus dem Privat- ins Geschäftsvermögen einer anderen natürlichen oder juristischen Person, soweit innert fünf Jahren nach dem Verkauf, unter Mitwirkung des Verkäufers, nicht betriebsnotwendiges Vermögen ausgeschüttet wird, das im Zeitpunkt des Verkaufs bereits vorhanden und handelsrechtlich ausschüttungsfähig war; dies gilt sinngemäss auch, wenn innert fünf Jahren mehrere Beteiligte eine solche Beteiligung gemeinsam verkaufen oder Beteiligungen von insgesamt 20 Prozent verkauft werden. Derart ausgeschüttete Substanz wird nach den Grundsätzen der Nachbesteuerung erfasst. Die Mitwirkung des Verkäufers wird unterstellt, wenn der Verkäufer weiss oder wissen muss, dass der Gesellschaft zwecks Finanzierung des Kaufpreises Mittel entnommen und nicht mehr zugeführt werden.

Als steuerbares Einkommen aus beweglichem Vermögen aus Transponierung qualifiziert der Erlös aus der Übertragung einer Beteiligung von mindestens 5 Prozent am Grund- oder Stammkapital einer Kapitalgesellschaft oder Genossenschaft aus dem Privat- in das Geschäftsvermögen einer natürlichen oder juristischen Person, an welcher der Veräusserer oder der Einbringer (Sacheinleger) nach der Übertragung zu mindestens 50 Prozent am Kapital beteiligt ist, soweit die gesamthaft erhaltene Gegenleistung den Nennwert der übertragenen Beteiligung übersteigt. Dieser Sachverhalt ist auch erfüllt, wenn mehrere Beteiligte die Übertragung gemeinsam vornehmen.

Analoge positiv-rechtliche Bestimmungen finden sich in kantonalen Steuergesetzen. Im Steuergesetz des Kantons Basel-Stadt werden die indirekte

Teilliquidation und die Transponierung in § 21a, im Steuergesetz des Kantons Zürich in § 20a und im Kanton Genf im Loi sur l'imposition des personnes physiques du 27 septembre 2009 in Art. 23 geregelt.

Die kantonalen Bestimmungen zur indirekten Teilliquidation und zur Transponierung finden ihre Grundlage in Art. 7a des Bundesgesetzes über die Harmonisierung der direkten Steuern der Kantone und Gemeinden (StHG). Diese Bestimmung wurde am 23. Juni 2006 in das StHG eingefügt und trat am 1. Januar 2008 in Kraft.

e) **Kauf eines ausländischen Unternehmens**

Der Kauf eines ausländischen Unternehmens erfordert insbesondere aus steuerrechtlicher Sicht eine erhöhte Sorgfalt.

Gemäss den Doppelbesteuerungsabkommen der Schweiz mit dem Ausland darf der Kauf von Beteiligungsrechten an einem ausländischen Unternehmen nicht dazu dienen, die Herabsetzung von ausländischen Quellensteuern auf dem Ausschüttungssubstrat dieses Unternehmens (sogenannte Steuerentlastung) durch eine natürliche oder juristische Person oder Personengesellschaft mit Wohnsitz oder Sitz in der Schweiz herbeizuführen. Dieses Vorgehen verstösst gegen den Bundesratsbeschluss betreffend die Massnahmen gegen die ungerechtfertigte Inanspruchnahme von Doppelbesteuerungsabkommen des Bundes vom 14. Dezember 1962 (nachfolgend Bundesratsbeschluss) und ist missbräuchlich, wenn die Inanspruchnahme des respektiven Doppelbesteuerungsabkommens dazu führen würde, dass die Steuerentlastung zu einem wesentlichen Teil direkt oder indirekt nicht abkommensberechtigten Personen zugutekommt. Art. 2 des genannten Bundesratsbeschlusses umschreibt die Einkünfte im Detail, die unter den exemplarisch beschriebenen Tatbeständen zur missbräuchlichen Beanspruchung von Steuerentlastungen führen können.

Hier von Bedeutung ist vor allem das Beispiel einer missbräuchlichen Steuerentlastung, wo Einkünfte einer juristischen Person mit Sitz in der Schweiz zugute kommen, an der nicht abkommensberechtigte Personen zu einem wesentlichen Teil direkt oder indirekt (treuhänderisch) durch Beteiligung oder in anderer Weise (Darlehen) interessiert sind und die keine angemessenen Gewinnausschüttungen vornimmt (Art. 2 Absatz 2 lit. b des Bundesratsbeschlusses). Es kommt also massgeblich auf den Kreis der Käufer an.

B   Zivilrechtliche Folgen

a)   Ausgangslage

Der Kauf des Unternehmens durch die leitenden Mitarbeiter (MBO) weicht auch in zivilrechtlicher Hinsicht in einigen Punkten vom Kauf durch unabhängige sowie kapitalkräftige Dritte ab. Beim MBO wird die Finanzierung vielfach durch Bankdarlehen allenfalls kombiniert mit Verkäuferdarlehen erfolgen, wobei diese Darlehen oft durch Verpfändung der Beteiligung an der Betriebsgesellschaft oder der Holdinggesellschaft (sogenannter Lombardkredit) oder durch Verpfändung von Aktiven der übernommenen Betriebsgesellschaft (klassischer Faustpfandkredit) sichergestellt werden. Diese Art der Sicherstellung der Bankdarlehen oder Verkäuferdarlehen zwecks Finanzierung des MBO führt in manchen Fällen zu zivilrechtlichen Folgen.

Vorliegend sollen diese zivilrechtlichen Folgen lediglich dem Grundsatz nach dargestellt werden. Eine vertiefte Auseinandersetzung zur Problematik der Finanzierung des Management Buy-out findet sich bei Rudolf Tschäni, Unternehmensübernahmen nach Schweizer Recht, Ein Handbuch zu Übernahmen, Fusionen und Unternehmenszusammenschlüssen, 2. Aufl., Basel und Frankfurt am Main 1991[26], worauf verwiesen wird.

b)   Bankdarlehen zulasten der Betriebsgesellschaft

In diesem Fall nimmt die Betriebsgesellschaft zwecks Finanzierung des Kaufpreises durch die leitenden Mitarbeiter und Käufer im Rahmen des MBO selbst ein Bankdarlehen auf oder sichert ein solches mittels ihres Umlaufvermögens (Debitorenabtretung) oder ihres Anlagevermögens. Die Betriebsgesellschaft verschuldet sich oder verpfändet ihre Betriebsaktiven zugunsten der Käufer. Die Betriebsgesellschaft tilgt oder sichert eine Drittschuld. Drittschuldner sind die leitenden Mitarbeiter in ihrer Eigenschaft als Käufer im Rahmen eines MBO. Die Finanzierung des MBO widerspricht Drittbedingungen. Die Käufer der Betriebsgesellschaft stellen mangels ausreichenden Vermögens die ihnen dienende Fremdfinanzierung der Betriebs-

---

[26] Tschäni Rudolf, Unternehmensübernahmen nach Schweizer Recht, Ein Handbuch zu Übernahmen, Fusionen und Unternehmenszusammenschlüssen, 2. Aufl., Basel und Frankfurt am Main, 1991, S. 85 ff. (nachfolgend Tschäni Rudolf, Unternehmensübernahmen).

gesellschaft weder sicher noch leisten sie für den Blankokredit eine marktkonforme Verzinsung.

Dem Zweckartikel im Gesellschaftsstatut einer Betriebsgesellschaft zufolge bezweckt diese den Betrieb eines branchenspezifischen Unternehmens und aller damit zusammenhängender Tätigkeiten. Finanzierungsgeschäfte allgemeiner Art sind deshalb ausgeschlossen. Damit stellt sich die Frage, ob die Finanzierung des Kaufpreises im Rahmen eines MBO durch Aufnahme eines Bankdarlehens oder Verpfändung von Betriebsaktiven zugunsten der Käufer durch den Zweckartikel gedeckt ist oder nicht. Entspricht die Finanzierung nicht dem Gesellschaftszweck, liegt eine zweckwidrige Mittelverwendung zufolge statutenwidriger Verfügung oder Verpflichtung vor.

Die zweckwidrige Verwendung der Gesellschaftsmittel bindet wohl grundsätzlich die Betriebsgesellschaft, da die Einschränkung der Vertretungsmacht der zuständigen Organe der Betriebsgesellschaft im Sinne von Art. 718a OR gemäss bundesgerichtlicher Rechtsprechung extensiv ausgelegt wird. Das Rechtsgeschäft bleibt gültig. Die allenfalls gefährdeten übrigen Gesellschaftsgläubiger oder gefährdeten Minderheitsaktionäre können sich kaum erfolgreich auf diese Bestimmung berufen. Vergleiche dazu die respektive Begründung mit Nachweis der Literatur und der Rechtsprechung bei Peter V. Kunz, Der Minderheitenschutz im schweizerischen Aktienrecht, Bern 2001[27]. Nichtig wäre das fragliche Rechtsgeschäft nur, wenn es im Sinne von Art. 20 Abs. 1 OR als unsittlich qualifizieren würde. Diese Bestimmung ist indes grundsätzlich und insbesondere auch bei juristischen Personen zurückhaltend anzuwenden. Diesfalls käme die kreditgebende Bank in erhebliche Schwierigkeiten, da sie nicht zurückfordern könnte, was sie als Darlehen in der Absicht einen unsittlichen Erfolg herbeizuführen der Betriebsgesellschaft hingegeben hatte.

Letztlich bleibt den allenfalls geschädigten übrigen Gesellschaftsgläubigern und Aktionären allein die Möglichkeit, die Verwaltung und die Geschäftsführung der Betriebsgesellschaft nach den Bestimmungen gemäss Art. 754 ff. OR aus Organhaftung verantwortlich zu machen. Die Anspruchsberechtigung unterscheidet sich danach, ob sich die Gesellschaft ausser oder im

---

[27] Kunz Peter V., Der Minderheitenschutz im schweizerischen Aktienrecht, Bern 2001, § 14 RZ 83 f.

Konkurs befindet. Der Anspruch steht ausser Konkurs der Gesellschaft zu. Der Anspruch der geschädigten Aktionäre geht auf Leistung an die Gesellschaft (Art. 756 Absatz 1 OR). Im Konkurs der Gesellschaft sind auch die geschädigten Gesellschaftsgläubiger nebst den Aktionären berechtigt, Ersatz des Schadens an die Gesellschaft zu verlangen, wobei dieser Anspruch zunächst der Konkursverwaltung zusteht. Verzichtet diese auf die Geltendmachung dieser Ansprüche, kann jeder Aktionär oder Gläubiger die Ansprüche einklagen, wobei das Prozessergebnis vorab zur Deckung der klagenden Gläubiger und ein allfälliger Überschuss den Aktionären im Verhältnis ihrer Beteiligung zusteht (Art. 757 Absatz 1 und 2 OR).

c) **Bankdarlehen zulasten der Beteiligungsgesellschaft (Holdinggesellschaft)**

In diesem Fall nimmt die Beteiligungsgesellschaft (Holdinggesellschaft) zwecks Finanzierung des Kaufpreises durch die leitenden Mitarbeiter und Käufer im Rahmen eines MBO direkt oder allenfalls indirekt über die Betriebsgesellschaft ein Bankdarlehen auf, welches sowohl im direkten als auch im indirekten Fall mittels des Umlaufsvermögens (Debitorenabtretung) oder des Anlagevermögens der Betriebsgesellschaft gesichert und mithin gar erst ermöglicht wird. Nimmt die Beteiligungsgesellschaft das Bankdarlehen direkt auf, qualifiziert die Sicherstellung desselben durch die Betriebsgesellschaft als klassisches Drittpfand für Drittschuld. Zwischen der Bank und der Betriebsgesellschaft werden Sicherungsverträge zugunsten Dritter abgeschlossen.

Analog des Bankdarlehens zulasten der Betriebsgesellschaft sind die Darlehen der Beteiligungsgesellschaft an ihre Aktionäre nicht nur steuerrechtlich, sondern auch zivilrechtlich kritische Vorgänge. Vorliegend halten in der Regel weder die Aktionärsdarlehen der Beteiligungsgesellschaft noch die indirekten Aufnahme des Bankdarlehens über die Betriebsgesellschaft oder über die Holdinggesellschaft Drittbedingungen stand. Unter Drittbedingungen hätte die Bank weder den Aktionären und Käufern im Rahmen des MBO noch der Beteiligungsgesellschaft ohne die Drittsicherheiten der Betriebsgesellschaft ein Darlehen gewährt, widrigenfalls die Käufer oder die Beteiligungsgesellschaft sich direkt bei der Bank verschuldet hätten.

Die Finanzierung des MBO über die Beteiligungsgesellschaft (Holdinggesellschaft) führt bezüglich zweckkonforme Verwendung des Gesellschaftsvermögens und der in extremis möglichen Organhaftung gemäss Art. 754 ff. OR zu denselben Schlussfolgerungen wie bei den Bankdarlehen zulasten der Betriebsgesellschaft.

Bei dieser Art der Finanzierung des MBO über die Beteiligungsgesellschaft sowie bei der Finanzierung direkt zulasten der Betriebsgesellschaft werden faktisch Aktiven der Betriebsgesellschaft zugunsten der neu Beteiligten entnommen. Dieser Vorgang läuft ebenso faktisch auf eine unzulässige Kapitalrückzahlung hinaus. Art. 680 Absatz 2 OR verbietet dem Aktionär, das eingezahlte Kapital zurückzufordern. Die Finanzierung des MBO zulasten der Betriebs- oder der Beteiligungsgesellschaft, die Drittbedingungen nicht standhält, stellt eine faktische Kapitalrückzahlung dar, welche gegen das Verbot der Kapitalrückzahlung verstösst. Zulässig wäre allein die formelle Kapitalrückzahlung nach den Bestimmungen von Art. 732 ff. OR unter Wahrung des Gläubigerschutzes und die Auszahlung von Dividenden aus dem Bilanzgewinn und aus den hierfür gebildeten Reserven gemäss Art. 675 Absatz 2 OR.

d) Interessenkonflikte

Da es sich bei einem MBO meistens um die leitenden Mitarbeiter als Käufer und somit um Arbeitnehmer oder Verwaltungsräte des zu übernehmenden Unternehmens handelt, besteht die Gefahr des Interessenkonflikts. Aus der Sorgfalts- und Treuepflicht des Arbeitnehmers gemäss Art. 321a OR ergeben sich dessen Pflicht, konkurrenzierende Tätigkeiten zu unterlassen und Geschäftsgeheimnisse zu wahren. Die Verwaltungsräte des Unternehmens unterliegen einer analogen Sorgfalts- und Treuepflicht, wie sie in Art. 717 OR ausdrücklich festgeschrieben ist. Finanzierungsgespräche mit den Banken sind für die kaufwilligen leitenden Mitarbeiter nur unter Voraussetzung zulässig, dass der Arbeitgeber und mithin das Unternehmen der Offenlegung vertraulicher Informationen vorgängig zugestimmt hat oder die respektiven Daten öffentlich zugänglich sind, was bei Unternehmen in der Grössenordnung von KMU selten zutreffen dürfte. Der Interessenkonflikt zwischen den kaufwilligen leitenden Mitarbeitern, welche sich meistens als einfache Gesellschaft nach Art. 530 ff. OR organisieren, und dem Unternehmen, welches

Gegenstand des MBO ist, liegt in der unterschiedlichen Zwecksetzung dieser beiden Gesellschaften.

Interessenkonflikte können sich für die leitenden Mitarbeiter auch aus dem Umstand ergeben, dass diese als Verwaltungsräte oder leitende Mitarbeiter sowohl die (alte) Betriebsgesellschaft als auch die (neue) Beteiligungsgesellschaft vertreten. Insbesondere die Finanzierungsverträge zwischen der Betriebs- und der Beteiligungsgesellschaft stehen unter dem Vorbehalt der Doppelvertretung. Nach bundesgerichtlicher Rechtsprechung ist bei Interessenkollision die Doppelvertretung unzulässig und führt dazu, dass die betroffenen Verträge unverbindlich sind. Die Nichtigkeit der Verträge bei Doppelvertretung wäre mangels Gutglaubensschutz der doppelt Vertretenen wohl konsequent, da das Wissen des Vertreters den Vertretenen zugerechnet wird[28].

(Ende Exkurs betreffend steuerrechtliche und zivilrechtliche Folgen)

C   *Strafrechtliche Schranken*

a)   **Vorbemerkung**

Strafrechtliche Folgen sind vor allem dann relevant, wenn die beteiligten Unternehmen zufolge missratenen MBO in Konkurs fallen. Es wird auf die Konkursdelikte gemäss Art. 163 Schweizerisches Strafgesetzbuch (StGB) verwiesen, auf welche indes an dieser Stelle nicht weiter eingetreten wird.

b)   **Ungetreue Geschäftsbesorgung**

Wird das MBO aus Mitteln der Betriebsgesellschaft oder der Beteiligungsgesellschaft finanziert oder werden Aktiven dieser Gesellschaften im Interesse der leitenden Mitarbeiter als Drittsicherheiten bei Banken verwendet, so machen sich die kaufwilligen leitenden Mitarbeiter unter Umständen der ungetreuen Geschäftsbesorgung schuldig. Immerhin wird den leitenden Mit-

---

[28] Honsell Heinrich, Vogt Nedim Peter, Wiegand Wolfgang, Herausgeber, Kommentar zum Schweizerischen Privatrecht, Obligationenrecht I, Art. 1–529 OR, Basel, 2011, Kommentar zu Art. 33 OR, N 19 (nachfolgend zit. Basler Kommentar).

arbeitern das Gesellschaftsvermögen zur Vermehrung oder zumindest Erhaltung und nicht zur zweckwidrigen Verminderung anvertraut.

Eine Verurteilung wegen ungetreuer Geschäftsbesorgung nach Art. 158 StGB verlangt indes gemäss den allgemeinen Bestimmungen des StGB, dass die Voraussetzungen der Strafbarkeit auch vorliegend erfüllt sind. Der Tatbestand der ungetreuen Geschäftsbesorgung ist erfüllt, falls die objektiven und subjektiven Tatbestandsmerkmale, Vorsatz oder Fahrlässigkeit und Verschulden vorliegen und keine Rechtfertigungsgründe wie Notstand und dergleichen die Strafbarkeit ausschliessen.

c) **Insiderhandel**

Insiderhandel setzt das Ausnützen der Kenntnis vertraulicher Tatsachen voraus. Gemäss Art. 161 StGB handelt als Insider, wer als Mitglied des Verwaltungsrates, der Geschäftsleitung, der Revisionsstelle oder als Beauftragter einer Aktiengesellschaft oder einer sie beherrschenden oder von ihr abhängigen Gesellschaft oder auch als Hilfsperson einer der vorgenannten Personen, sich oder einem andern durch Ausnützen der vertraulichen Tatsachen einen Vermögensvorteil dadurch verschafft, indem der Kurs von in der Schweiz kotierten Wertpapieren beeinflusst und mithin manipuliert wird. Hier wird der Erkenntnis von Rudolf Tschäni, Unternehmensübernahmen, S. 97 unter Verweisung auf die dort zitierte Literatur gefolgt, wonach Insiderhandel bei erfüllten Tatbestandselementen nur dort relevant wird, wo beim MBO das kaufwillige Management die Aktien mit der Absicht des kurzfristigen Verkaufs und mithin aus spekulativen Motiven erwirbt. Der Tatbestand des Insiderhandels scheint zum Vornherein dort kein Thema, wo es um den Erwerb einer langfristigen Beteiligung geht und der damit verbundene Vermögensvorteil Risikoausgleich für die Übernahme unternehmerischen Risikos darstellt.

2. Fusion

a) **Vorbemerkungen**

Die Fusion wird im FusG definiert. Gemäss Art. 3 FusG können Gesellschaften fusionieren, indem (a) die eine die andere übernimmt (Absorptionsfusion) oder (b) zwei Gesellschaften sich zu einer neuen Gesellschaft zusammenschliessen (Kombinationsfusion). Gemäss Art. 3 Absatz 2 wird die übertragende Gesellschaft aufgelöst und im Handelsregister gelöscht. Die Fusion tritt anstelle der Liquidation. Die Fusion der beteiligten Unternehmen qualifiziert als Asset-Deal. Die Beteiligten der übertragenden Gesellschaft werden insbesondere bei deren Ausscheiden in bar abgegolten. Werden diese Beteiligten Gesellschafter der übernehmenden Gesellschaft, werden sie anstelle der bisherigen Beteiligungsrechte solche der übernehmenden Gesellschaft erhalten und auf diese Weise für das übertragene Vermögen entschädigt.

Die zulässigen Fusionen werden in Art. 4 FusG im Detail abschliessend aufgezählt. Ferner werden die speziellen Voraussetzungen umschrieben, unter welchen gemäss Art. 5 FusG in Liquidation befindliche Gesellschaften und gemäss Art. 6 FusG Gesellschaften mit Kapitalverlust oder gar Überschuldung fusionieren können. Die Spezialbestimmungen dienen dem Schutz der Drittgläubiger.

Von Quasifusionen ist in jenen Fällen die Rede, in welchen die übernehmende Gesellschaft die Beteiligungsrechte der erworbenen Gesellschaft von den bisherigen Beteiligten erwirbt und die übernommene Gesellschaft unter Leitung der übernehmenden Gesellschaft fortgeführt wird. Die bisher Beteiligten werden in bar oder mit Beteiligungsrechten der übernehmenden Gesellschaft entschädigt. Die erworbene Gesellschaft selbst besteht unverändert weiter. Sie wird zur Tochtergesellschaft der übernehmenden Gesellschaft oder allenfalls einer neu errichteten Zwischenholding und somit Teil eines Konzerngebildes. Diverse Unterarten sind in der Praxis anzutreffen, worunter auch der treuhänderische Kauf der Beteiligungsrechte durch Dritte, welche die Beteiligungsrechte später auf die tatsächlich übernehmende Gesellschaft übertragen.

Die Fusion von kleinen und mittleren Gesellschaften wird in vielen Punkten von kostenwirksamen Formalien entlastet. Die Legaldefinition der kleinen und mittleren Unternehmen gemäss Art. 2 lit. e. FusG weicht indes von der Eingrenzung von KMU in diesem Leitfaden im Sinne von Art. 727 Absatz 1 Ziffer 1 OR ab. Danach gelten als KMU diejenigen Gesellschaften, die keiner ordentlichen Revision unterliegen und somit die gesetzlichen Voraussetzungen nicht erfüllen. Die Erleichterungen der Fusion nach Art. 2 lit. e. FusG können jene kleine und mittlere Unternehmen beanspruchen, die keine Anleihensobligationen ausstehend haben, deren Anteile nicht an der Börse kotiert sind und die überdies zwei der drei nachfolgenden Grössen in den zwei letzten dem Fusions-, dem Spaltungs- oder dem Umwandlungsbeschluss vorgegangenen Geschäftsjahren nicht überschreiten: (1.) Bilanzsumme von 20 Millionen Franken, (2.) Umsatzerlös von 40 Millionen Franken, (3.) 200 Vollzeitstellen im Jahresdurchschnitt.

Die Erleichterungen der Fusion von kleinen und mittleren Unternehmen betreffen beispielhaft den möglichen Verzicht auf den Fusionsbericht gemäss Art. 14 Absatz 2 FusG oder den möglichen Verzicht auf die Prüfung des Fusionsvertrags und des Fusionsberichts durch zugelassene Revisionsexperten gemäss Art. 15 Absatz 2 FusG.

Die bisherigen Ausführungen zum Kauf und Verkauf von Unternehmen (KMU) gelten sinngemäss auch bei der Fusion. Dies gilt zumindest regelmässig bei der Übernahme einer Gesellschaft qua Absorption, da die übernommene Gesellschaft vielfach käuflich von den bisherigen Beteiligten übernommen wird und diese infolge ausscheiden. Bei der Kombinationsfusion kommt es hinsichtlich der Analogie zu den bisherigen Ausführungen auf den Einzelfall an. Die kaufrechtlichen Überlegungen in den bisherigen Ausführungen entfallen in jenen Fällen, in welchen sämtliche Beteiligten der beiden durch Kombination fusionierten Gesellschaften an der neuen Gesellschaft unter Wahrung der proportionalen Beteiligungsverhältnisse aufgrund der Bewertung weiterhin beteiligt bleiben. Diesfalls liegt kein Realisationstatbestand vor.

b)   Fusion von KMU

Wie bereits erwähnt, wird die Fusion von KMU als kleine und mittlere Unternehmen im Sinne von Art. 2 lit. e FusG erleichtert. Es entfallen unter Einhaltung der Voraussetzungen diverse Formalien und mithin auch Kosten.

Die Überlegungen zu den steuerrechtlichen, zivilrechtlichen und strafrechtlichen Folgen beim MBO gelten in analoger Weise auch hier, wobei die Bestimmungen zum Gläubiger- und Arbeitnehmerschutz gemäss Art. 25 ff. FusG im Vordergrund stehen. Es wird auf die respektiven Ausführungen verwiesen.

Für den Übergang der Arbeitsverhältnisse auf die übernehmende Gesellschaft findet Art. 333 OR ausdrücklich Anwendung. Zu erinnern ist insbesondere an die Pflicht der übertragenden Gesellschaft (Arbeitgeberin), die Arbeitnehmervertretung und mangels einer solchen ihre Arbeitnehmer rechtzeitig vor Vollzug des Übergangs zu orientieren. Dabei ist über den Grund des Übergangs einerseits und über die rechtlichen, wirtschaftlichen und sozialen Folgen des Übergangs für die Arbeitnehmer andererseits zu informieren. Die Konsultation muss vor dem Fusionsbeschluss gemäss Art. 18 FusG stattfinden. Falls die in Art. 28 Absatz 1 und 2 enthaltenen Vorschriften betreffend die Konsultation nicht eingehalten werden, kann die Arbeitnehmervertretung vom Gericht verlangen, dass es die Eintragung der Fusion im Handelsregister untersagt (Art. 28 Absatz 3 FusG).

§ 9 Beschränkungen bei Unternehmenskäufen

1. Gesetzlich

a) Kartellgesetz

Das Bundesgesetz über Kartelle und andere Wettbewerbsbeschränkungen, kurz Kartellgesetz (KG), datiert vom 6. Oktober 1995 und bezweckt nach Art. 1 volkswirtschaftlich und sozial schädliche Auswirkungen von Kartellen und anderen Wettbewerbsbeschränkungen zu verhindern und damit die freiheitliche marktwirtschaftliche Ordnung zu fördern. Das Kartellgesetz verbietet Kartelle nicht rundweg, sondern will missbräuchliche Behinderungen des Wettbewerbs vermeiden. Es handelt sich letztlich unverändert um eine Missbrauchsgesetzgebung, wenngleich im Gegensatz zum Kartellgesetz 1985, wonach die Kartellkommission lediglich Empfehlungen an die betreffenden Unternehmen abgeben konnte, nach Kartellgesetz 1995 die neu zuständige Wettbewerbskommission Verfügungen erlassen kann. Aufgrund der Revision 2004 kann die Wettbewerbskommission zum einen in bestimmten Fällen gar Sanktionen ohne Verstoss gegen eine vorgängige Verfügung verhängen und zum anderen vertikale Wettbewerbsabreden aufgrund gesetzlicher Vermutung als unzulässig verbieten. Das Kartellgesetz definiert zudem in Art. 5 grundsätzlich die unzulässigen und in Art. 6 die gerechtfertigten (zulässigen) Wettbewerbsabreden.

Die Unternehmenszusammenschlüsse werden in Art. 9 ff. KG ausdrücklich erwähnt und erfasst. Gemäss Art. 9 KG besteht eine Meldepflicht vor Vollzug bei Unternehmenszusammenschlüssen bei Grossunternehmen. Unternehmenszusammenschlüsse von Grossunternehmen liegen nach Legaldefinition vor, falls (a) die beteiligten Unternehmen einen Umsatz von zusammen mindestens 2 Milliarden Franken oder einen auf die Schweiz entfallenden Umsatz von insgesamt mindestens 500 Millionen Franken im letzten Geschäftsjahr vor Zusammenschluss erzielten und (b) mindestens zwei der beteiligten Unternehmen einen Umsatz in der Schweiz von je mindestens 100 Millionen Franken erzielten. Die Meldepflicht besteht indes immer, wenn am Zusammenschluss ein Unternehmen beteiligt ist, das gemäss den Bestimmungen dieses Gesetzes eine marktbeherrschende Stellung in der Schweiz in einem bestimmten Markt hält und der beabsichtigte Zusammenschluss diesen Markt oder ihm vor- oder nachgelagerte Märkte betrifft.

Die kartellrechtlichen Beschränkungen bei Unternehmenskäufen betreffen somit die KMU, wie sie in § 1 Ziffer 2 (Eingrenzungen) hiervor definiert wurden, kaum, weshalb auf diese mögliche gesetzliche Beschränkung nicht weiter eingetreten wird.

b)   Börsengesetz

Das Bundesgesetz über die Börse und den Effektenhandel (Börsengesetz, BEHG) bezweckt gemäss Art. 1 u.a., für den Anleger Transparenz und Gleichbehandlung sicherzustellen. In diesem Zusammenhang enthält das BEHG in Art. 22 ff. Bestimmungen zu öffentlichen Kaufangeboten. Als öffentliche Kaufangebote qualifizieren solche für Beteiligungen an schweizerischen Gesellschaften, deren Beteiligungsrechte mindestens teilweise an einer Börse in der Schweiz kotiert sind (Art. 22 Absatz 1 BEHG). Das Gesetz spricht von Beteiligungsrechten an Zielgesellschaften, die hier mehrheitlich als Kaufobjekte bezeichnet werden.

Da dieser Leitfaden sich auf KMU konzentriert, die ihre Beteiligungsrechte nicht an der Börse kotiert haben, fallen allfällige börsenrechtliche Beschränkungen bei Unternehmenskäufen ausser Betracht, weshalb u.a. auf die respektiven Meldepflichten oder weitere Beschränkungen nicht weiter eingetreten wird.

c)   Strafgesetzbuch

Gemäss Art. 161 Schweizerisches Strafgesetzbuch (StGB) ist das Ausnützen der Kenntnis vertraulicher Tatsachen strafbar. Diese Bestimmung verbietet den sogenannten Insiderhandel. Den Organen einer Aktiengesellschaft oder einer sie beherrschenden oder von ihr abhängigen Gesellschaft sowie Behördenmitgliedern oder Beamten oder deren Hilfspersonen droht gemäss Art. 161 Absatz 1 StGB eine Freiheitsstrafe bis zu drei Jahren oder eine Geldstrafe, falls sie sich durch Insiderhandel einen Vermögensvorteil verschaffen, indem sie in Kenntnis vertraulicher Tatsachen, die geeignet sind, den Kurs von in der Schweiz börslich oder vorbörslich gehandelten Wertpapieren in voraussehbarer Weise erheblich zu beeinflussen, auszunützen oder diese Tatsache einem Dritten zur Kenntnis zu bringen. Der Dritte wird gemäss Art. 161 Absatz 2 StGB ebenfalls mit Strafe bedroht, wenn er sich oder einem anderen aufgrund der vertraulichen Information einen Vermögensvorteil verschafft.

Im Falle der Fusion zweier Aktiengesellschaften gelten die Bestimmungen zum Insiderhandel nach den Absätzen 1 und 2 von Art. 161 StGB für beide Gesellschaften (Art. 161 Absatz 3 StGB). Diese Bestimmungen gelten analog auch bei kotierten Wertpapieren von Genossenschaften und von ausländischen Gesellschaften.

Die Relevanz dieser Strafbestimmung ist bei KMU gering. Als KMU werden in diesem Leitfaden gerade diejenigen Unternehmen bezeichnet, die keiner ordentlichen Revision nach Art. 727 Absatz 1 Ziffer 1 OR unterstehen und somit u.a. keine Beteiligungspapiere an der Börse kotiert und keine Anleihensobligationen (im Publikum) ausstehend haben. Allerdings gelten diese Bestimmungen beispielsweise auch bei der Übernahme einer KMU in der Form einer Aktiengesellschaft durch eine andere börsenkotierte Aktiengesellschaft. Der sorgfältige Umgang mit vertraulichen Kenntnissen, mit denen der Börsenkurs der involvierten kotierten Wertpapiere durch die Beteiligten oder Dritte beeinflusst oder ausgenützt werden könnte, ist jedenfalls geboten. Art. 161 Absatz 4 StGB erwähnt die geplante Fusion oder Verbindung zweier Aktiengesellschaften ausdrücklich.

d) Patentgeschützte Tätigkeiten

Diverse Tätigkeiten setzen eine staatliche Zulassung oder ein Patent voraus. Patentinhaber sind durchwegs nicht die Unternehmen selbst, sondern die diese Tätigkeit ausübenden Personen. Der Kauf eines derartigen Gewerbes setzt beim Käufer die entsprechende Zulassung voraus. Der Verkäufer schützt sich vor Schaden, wenn er sich über die erfüllte Voraussetzung des Käufers vor Verkauf seines Unternehmens erkundigt. Beispiele für solche patentgeschützte Tätigkeiten sind die freiberuflichen Notare, die Rechtsanwälte, Ärzte, Apotheker, Zahnärzte, Kaminfeger und dergleichen. Die Rechte und Pflichten dieser patentgeschützten Tätigkeiten sind im Bundesrecht oder kantonalen Recht geregelt.

2. Statutarisch

a) Vinkulierung

Die Statuten einer Aktiengesellschaft können nach Art. 685a OR bestimmen, dass Namenaktien nur mit Zustimmung der Gesellschaft übertragen werden dürfen. Gemäss Art. 685a Absatz 2 OR gilt diese Beschränkung auch für die Begründung einer Nutzniessung an den Namenaktien. Die Nutzniessung an Aktien verschafft dem Nutzniesser sowohl die respektiven Vermögensrechte als auch die Mitwirkungsrechte (Art. 690 Absatz 2 OR). Im Falle des Liquidationsbeschlusses fällt die Beschränkung der Übertragbarkeit automatisch dahin. Diese Art von Übertragungsbeschränkungen der Namenaktien wird gemeinhin als Vinkulierung bezeichnet.

Die Vinkulierung der Namenaktien muss also gestützt auf die gesetzlichen Grundlagen im Statut der Gesellschaft hinreichend definiert werden. Beim Kauf und Verkauf von Unternehmen ist der potentielle Erwerber gut beraten, rechtzeitig Einblick in das Statut der Gesellschaft zu nehmen. Die Vinkulierung der Namenaktien einer Aktiengesellschaft ist jedenfalls ein probates Mittel, unliebsame Kaufinteressenten fernzuhalten. Die Bestimmungen zum Kreis des Aktionariats oder eine prozentmässige Begrenzung der Namenaktien pro Aktionär können beispielsweise verhindern, dass Konkurrenten oder ausserfamiliäre Erwerber ein Unternehmen gegen den Willen der Gesellschaft vertreten durch den Verwaltungsrat bzw. das aktuelle Aktionariat übernehmen können.

Der Umfang der Vinkulierung von Namenaktien hängt davon ab, ob die Namenaktien börsenkotiert sind oder nicht. Der Umfang der Beschränkung von Namenaktien ist bei den nicht kotierten Namenaktien grösser als bei den kotierten.

Bei nicht kotierten Namenaktien kann die Gesellschaft nach Art. 685b Absatz 1 OR das Gesuch um Übertragung ablehnen, falls sie hierfür einen wichtigen, in den Statuten enthaltenen Grund bekannt gibt oder wenn sie dem Veräusserer der Namenaktien anbietet, diese für eigene Rechnung, für Rechnung anderer Aktionäre oder für Rechnung Dritter zum sogenannten wirklichen Wert im Zeitpunkt des Gesuchs zu übernehmen. Als wichtige Gründe qualifizieren Bestimmungen über die Zusammensetzung des Aktionariats, die im Hinblick auf den Gesellschaftszweck oder die wirtschaftliche Selbständigkeit des Unternehmens die Verweigerung rechtfertigen. Zudem kann die Gesellschaft die Eintragung im Aktienbuch verweigern, falls der Erwerber nicht ausdrücklich erklärt, dass er die Namenaktien im eigenen Namen und auf eigene Rechnung erwirbt. Damit soll der treuhänderische Erwerb von Namenaktien verhindert werden.

Die gesetzliche Regelung der Vinkulierung von nicht kotierten Namenaktien darf statutarisch nicht weiter verschärft werden (Art. 685b Absatz 7 OR). Die Durchsetzung der Vinkulierung wird übrigens am Eintrag oder nicht Eintrag des Erwerbers im Aktienbuch der Gesellschaft ersichtlich, das diese über die Aktien gemäss Art. 686 OR führen muss. Das Aktienbuch gibt Auskunft darüber, wer Eigentümer oder Nutzniesser der Namenaktien ist. Das Aktienbuch bestimmt darüber, wer im Verhältnis zur Gesellschaft als Eigentümer oder Nutzniesser der Namenaktien qualifiziert.

Bei börsenkotierten Namenaktien kann die Gesellschaft nach Art. 685d Absatz 1 OR einen Erwerber als Aktionär nur ablehnen, wenn die Statuten eine prozentmässige Begrenzung der Namenaktien bestimmen, für die ein Erwerber als Aktionär anerkannt werden muss, und diese Begrenzung überschritten wird. Der Eintrag im Aktienbuch kann wie bei nicht kotieren Namenaktien verweigert werden, falls der Erwerber auf Verlangen nicht ausdrücklich erklärt, dass er die Aktien im eigenen Namen und für eigene Rechnung erworben hat und mithin kein Treuhandverhältnis vorliegt. Die Mechanik der Eigentumsübertragung hängt übrigens davon ab, ob die Namenaktien börsenmässig oder ausserbörslich erworben werden.

b)   Wichtige GV-Beschlüsse

Die Einführung der Beschränkung der Übertragbarkeit von Namenaktien setzt gemäss Art. 704 Absatz 1 Ziffer 3 OR einen wichtigen Generalversammlungs-Beschluss voraus. Wichtige GV-Beschlüsse bedürfen qualifizierte Mehrheiten, wozu auch der Beschluss über die Einführung der Vinkulierung von Namenaktien gehört. Der wichtige GV-Beschluss kommt nur zustande, wenn mindestens zwei Drittel der vertretenen Stimmen und die absolute Mehrheit der vertretenen Aktiennennwerte der Beschränkung der Übertragbarkeit der Namenaktien zustimmen. Für die Aufhebung der Vinkulierung genügt gesetzlich indes die absolute Mehrheit der vertretenen Aktienstimmen, welche ein potentieller Erwerber der Gesellschaft, falls nötig, organisieren kann. Statutarisch könnte allerdings auch die Aufhebung der Vinkulierung erschwert sein, was in der Literatur unter den Stichworten «Petrifizierungs-Klauseln» oder «lock-up»-Klauseln abgehandelt wird[29]. Die Einführung solch statutarischer Quoren, die für Generalversammlungsbeschlüsse grössere als die gesetzlichen Mehrheiten einführen will, können gemäss Art. 704 Abs. 2 OR nur mit dem vorgesehenen statutarischen Mehr eingeführt werden[30].

Die gesetzlich vorgesehene Aufhebung der Vinkulierungsbestimmung im Statut mit der absoluten Mehrheit der vertretenen Aktienstimmen gemäss Art. 703 OR könnte einem potentiellen Käufer eines Unternehmens die geplante Übernahme erleichtern, indem er koordiniert mit anderen Aktionären vorgängig die Aufhebung der hinderlichen Vinkulierungsbestimmungen beschliesst und erst anschliessend den Kauf des Unternehmens in die Wege leitet.

3. Vertraglich

A   *Aktionärsbindungsvertrag*

Der Aktionärsbindungsvertrag regelt die Rechte und Pflichten zwischen den Aktionären, wogegen das Statut u.a. die Beziehungen zwischen der Gesellschaft und dem Aktionär regelt. Regelungsgegenstand des Aktionärsbindungsvertrags sind vorab die Ausübung des Stimmrechts in der Generalversammlung sowie im Verwaltungsrat durch die Aktionärsvertreter und die Veräusserungsbeschränkungen in Form von Vorhand-, Vorkaufs- und Kaufrechten. Zusammenfassend geht es einerseits um die Stimmbindungsabsprachen und andererseits um die Erwerbsrechte[31]. Die Verpflichtungen der durch Aktionärsbindungsvertrag gebundenen Aktionäre werden häufig durch hohe Konventionalstrafen gesichert.

Die Vertragsdauer der Aktionärsbindungsverträge richtet sich oft nach der Dauer des Aktienbesitzes bzw. der Dauer der respektiven Aktiengesellschaft.

---

[29] Böckli Peter, Schweizer Aktienrecht, Zürich-Basel-Genf 2004, § 12 RZ 397 ff.
[30] Kunz Peter V., Der Minderheitenschutz im schweizerischen Aktienrecht, Bern, 2001, S. 860/1.
[31] Kunz Peter V., Der Minderheitenschutz im schweizerischen Aktienrecht, Bern, 2001, S. 1023/4.

Die Kündbarkeit solch sogenannter «ewiger» Verträge richtet sich zum einen nach der Gerichtspraxis und zum anderen nach Art. 545 Absatz 1 Ziffer 6 OR, wonach bei einer einfachen Gesellschaft der kündigungswillige Aktionär aus diesem Vertragsverhältnis aussteigen kann, falls der Aktionärsbindungsvertrag auf unbestimmte Dauer oder auf Lebenszeit abgeschlossen worden ist. Ferner kann bei Vorliegen eines wichtigen Grundes gemäss Art. 545 Absatz 2 OR der Aktionärsbindungsvertrag vor Ablauf der Vertragsdauer oder, wenn er auf unbestimmte Dauer abgeschlossen worden ist, ohne vorherige Kündigung zumindest für den kündigungswilligen Aktionär beendet werden. Die Anwendung der vorerwähnten Bestimmungen setzt die systematische Einreihung des Aktionärsbindungsvertrags als ein möglicher Anwendungsfall der einfachen Gesellschaft voraus, was wohl in den meisten Fällen durchaus zutreffen dürfte.

Im Aktionärsbindungsvertrag verpflichten sich die beteiligten Aktionäre häufig wie folgt:

a) Kaufrechte

Beim Vorhandrecht verpflichten sich die verkaufswilligen Aktionäre, ihre Aktien zumeist proportional den übrigen berechtigten Aktionären zum Kauf anzubieten. Kennzeichen des Vorhandrechts ist die Andienungspflicht des verpflichteten Aktionärs.

Beim Vorkaufsrecht kann der berechtigte Aktionär innerhalb einer gewissen Frist zu Drittbedingungen in den vom verpflichteten Aktionär mit einem Dritten abgeschlossenen Kaufvertrag eintreten. Der verpflichtete Aktionär wird vorsichtshalber den Aktienkaufvertrag mit einem Dritten nur unter Vorbehalt abschliessen. Merkmal des Vorkaufsrechts ist das Eintrittsrechts der berechtigten Aktionäre zu Drittbedingungen.

Beim Kaufrecht kann der berechtigte Aktionär vom verpflichteten Aktionär bei erfüllten Voraussetzungen, wie beispielsweise innert einer gewissen Frist, die Übertragung der Aktien zu allenfalls vorbestimmten Kaufbedingungen verlangen. Das Kaufrecht ist regelmässig ebenfalls mit einer Andienungspflicht des veräusserungswilligen und hierzu verpflichteten Aktionärs gekoppelt.

b) Form der Übertragung

Die Vertragsparteien halten im Aktionärsbindungsvertrag häufig die Mechanik der Aktienübertragung zwischen den verpflichteten Aktionären sowie die Genehmigungspflicht der Übertragung bzw. der Eintragung im Aktienbuch durch die respektiven Vertreter im Verwaltungsrat fest. Aktionärsbindungsverträge können ergänzend zu den statutarischen Vinkulierungsbestimmungen die Übertragbarkeit insbesondere der Namenaktien vertraglich weiter einschränken Es lohnt sich daher für den potentiellen Käufer einer Unternehmung, die vertraglichen Einschränkungen vorzugsweise im Vorfeld seiner Kaufanstrengungen sorgfältig abzuklären. Unnütze Aufwendungen für Vertragsverhandlungen können so vermieden werden.

c) Konkurrenzverbote

Die Vertragsparteien vereinbaren im Aktionärsbindungsvertrag nicht selten auch Konkurrenzverbote zwischen den vertragsschliessenden Aktionären, auch mit Blick auf allfällige Unternehmensverkäufe[32].

B *Erbvertrag*

Mittels Erbvertrag kann sich der Erblasser gemäss Art. 494 Absatz 1 ZGB gegenüber einer anderen Person verpflichten, ihm oder einem Dritten seine Erbschaft oder ein Vermächtnis zu hinterlassen. Im Falle der Erbschaft findet eine Erbeinsetzung des Begünstigten statt. Der Erbvertrag ist nach Art. 512 ZGB formbedürftig. Die Form ist die qualifizierte öffentliche Beurkundung. Der Erblasser kann bis zu seinem Ableben ungeachtet seiner erbvertraglichen Verpflichtung gemäss gesetzlicher Regelung in Art. 494 Absatz 2 ZGB weiterhin über sein Vermögen frei verfügen, wobei anderweitige Verfügungen von Todes wegen oder Schenkungen, die mit seinen Verpflichtungen aus Erbvertrag kollidieren, gemäss Art. 494 Absatz 3 ZGB der Anfechtung unterliegen.

Der potentielle Verkäufer eines Unternehmens kann sich durch Erbvertrag zur entgeltlichen oder unentgeltlichen Übertragung seiner Beteiligung am Unternehmen verpflichten. Er bleibt indes bis zu seinem Ableben von Geset-

---

[32] Ruggli Monika und Vischer Markus, Konkurrenzverbote in Unternehmenskaufverträgen, in SJZ 102 (2006) Nr. 13, S. 294 ff.

zes wegen frei, weiterhin über sein Vermögen frei zu verfügen. Der potentielle Verkäufer eines Unternehmens kann somit durchaus zu Lebzeiten seine Beteiligung entgeltlich veräussern, selbst wenn er beispielsweise durch Erbvertrag diese Beteiligung einem Dritten bereits vermacht hat. Man spricht diesfalls von einem Speziesvermächtnis. Der gutgläubige Käufer hat vom erbvertraglich Begünstigten nichts zu fürchten. Solange der Kaufpreis für das Unternehmen einer plausiblen Bewertung standhält und nicht zufolge Unterbewertung teilweise als Schenkung zu betrachten ist (gemischtes Rechtsgeschäft), hätte die allfällige Anfechtungsklage des zeitlich vorgehenden Vertragserben bzw. Vermächtnisnehmers gegen den zeitlich nachgehenden gutgläubigen Käufer der Beteiligung am Unternehmen keine Aussicht auf Erfolg.

Zusammenfassend mag es für den Kaufinteressenten eines Unternehmens je nach Sachlage ratsam sein, vom potentiellen Verkäufer Auskünfte über mögliche erbvertragliche Verpflichtungen zu verlangen.

§ 10 Steuerfolgen

1. Direkte Steuern

Ob direkte Steuern bei einem Verkauf eines Unternehmens anfallen, hängt entscheidend davon ab, ob beim Share-Deal die zu verkaufende Beteiligung bislang dem steuerlichen Regime des Privatvermögens oder des Geschäftsvermögens unterstand.

Wird die Beteiligung aus dem Privatvermögen verkauft, fällt ein steuerfreier Kapitalgewinn an. Der steuerfreie Kapitalgewinn entspricht der Differenz zwischen Verkaufserlös (Verkaufspreis minus Verkaufsunkosten) und Einstandspreis. Vorbehalten bleibt die Besteuerung nach den Bestimmungen zur indirekten Teilliquidation und allenfalls zur Transponierung (vgl. § 7 1. A b und c, Steuerrechtliche Folgen), falls eine massgebliche Beteiligung aus dem Privatvermögen in das Geschäftsvermögen einer natürlichen oder juristischen Person verkauft wird sowie nicht betriebsnotwendiges Vermögen mitveräussert und anschliessend unter Mitwirkung des Verkäufers ausgeschüttet wird. Im genannten Umfang realisiert der Verkäufer eine geldwerte Leistung und nicht einen steuerfreien Kapitalgewinn und wird innerhalb von fünf Jahren seit Verkauf der Beteiligung für die realisierte geldwerte Leistung nachbesteuert.

Wird die Beteiligung aus dem Geschäftsvermögen verkauft, gilt das Buchwertprinzip. Danach fällt die ordentliche Gewinnsteuer auf demjenigen Teil des Erlöses an, der den Buchwert übersteigt. Der Kapitalgewinn unterliegt je nach juristischer Form des Verkäufers der Einkommenssteuer oder der Gewinnsteuer. Die Beteiligungsgesellschaften und Holdinggesellschaften sind von der Besteuerung des Kapitalgewinns aus Veräusserung einer Beteiligung ausgenommen, soweit das Beteiligungs- und Holdingprivileg bei erfüllten Voraussetzungen gilt.

Beim Verkauf von Betrieben oder Betriebsteilen im Rahmen des Asset-Deals wird Gewinn realisiert, soweit der Kaufpreis den Buchwert übersteigt. Verkauft eine Einzelfirma oder Personengesellschaft Betriebe oder Betriebsteile, so sind die beteiligten natürlichen Personen auf dem Kapitalgewinn des Geschäftsvermögens einkommensteuerpflichtig. In diesem Fall sind auch auf diesem Kapitalgewinn gleich dem jeweiligen Jahresgewinn die Sozialversicherungsabgaben geschuldet. Verkauft eine juristische Person Betriebe oder Betriebsteile, so unterliegt der Gewinn als Differenz aus Nettoverkaufserlös und Buchwert zusammen mit dem übrigen Ertrag der Ertragssteuer. Sind Grundstücke Gegenstand des Asset-Deals, wird der respektive Gewinn in gewissen Kantonen mit der separaten Grundstückgewinnsteuer und in den übrigen Kantonen ebenfalls mit der Ertragssteuer erfasst.

Nicht zu den Realisationstatbeständen zählen die steuerfreien Umstrukturierungen nach Art. 19 DBG für Personenunternehmungen und nach Art. 61 DBG für juristische Personen, sofern die gesetzlichen Auflagen strikte eingehalten werden, wozu die Fortführung der Steuerpflicht in der Schweiz und der bisher für die Gewinnsteuer massgebenden Buchwerte gehören. Als Umstrukturierungstatbestände qualifizieren die Umwandlung von Personenunternehmungen in juristische Personen und umgekehrt, die Auf- oder Abspaltung in eine oder mehrere Betriebe oder Teilbetriebe, die Fusion durch Austausch von Beteiligungsrechten sowie die Begründung von Tochtergesellschaften. Dieselben steuerlichen Regelungen für die Kantone bei Umstrukturierungen finden sich in Art. 8 Absatz 3 StHG für Personenunternehmungen und in Art. 24 Absatz 3 StHG für juristische Personen. Die steuerfreien Umstrukturierungen können mit Blick auf den Kauf und Verkauf von KMU vorausschauend als Massnahme der Steueroptimierung eingesetzt werden, die eine kostenwirksame Beratung durchaus rechtfertigt.

Die Steuerfolgen im Bereich der direkten Steuern wurden im Übrigen im Zusammenhang mit den besonderen Käufen im Rahmen des Management Buy-out (MBO) als Exkurs ausführlich behandelt, weshalb an dieser Stelle eine weitere Vertiefung unterbleiben kann.

2. Indirekte Steuern

Zu den indirekten Steuern gehören u.a. die Verkehrssteuern, die sich in Wirtschaftsverkehrssteuern (beispielsweise Mehrwertsteuer) und Rechtsverkehrssteuern (beispielsweise Emissionsabgaben und Handänderungsabgaben) unterteilen lassen[33].

---

[33] Blumenstein Ernst/Locher Peter, System des Steuerrechts, Zürich 1992, S. 131.

Sowohl beim Asset-Deal als auch beim Share-Deal werden betriebsnotwendige Aktiven und Verpflichtungen oder die Beteiligungsrechte oft einen neuen Rechtsträger übertragen. Mit dem neuen Rechtsträger werden neue Beteiligungsrechte mit allfälligen Steuerfolgen begründet.

A   *Emissionsabgabe*

Sind Beteiligungsrechte Gegenstand der Emissionsabgabe, ist die Gesellschaft oder die Genossenschaft gemäss Art. 10 des Bundesgesetzes über die Stempelabgaben (StG) im Umfang der neu begründeten oder erhöhten Beteiligungsrechte abgabepflichtig.

a)   Begründung neuer Beteiligungsrechte

Die Begründung neuer Beteiligungsrechte an Körperschaften des Privatrechts löst die Emissionsabgabe gemäss Art. 5 StG aus. Als Körperschaften des Privatrechts qualifizieren Aktiengesellschaften, Kommanditaktiengesellschaften, Gesellschaften mit beschränkter Haftung und Genossenschaften. Die Emissionsabgabe beträgt gemäss Art. 8 Absatz 1 lit. a StG 1 Prozent auf dem Betrag, der der Körperschaft für die Beteiligungsrechte zufliesst, in jedem Fall aber 1 Prozent vom Nennwert. Nach Art. 6 Absatz 1 lit. h StG besteht bei der Begründung neuer Beteiligungsrechte ein Freibetrag für Leistungen der Gesellschafter, die gesamthaft eine Million Franken nicht übersteigen. Übersteigen die Leistungen der Gesellschafter den Freibetrag, so unterliegt lediglich der eine Million Franken übersteigende Betrag der Emissionsabgabe[34]. Stockar spricht von einer Freigrenze, wiewohl es sich offensichtlich um einen Freibetrag handelt.

b)   Umstrukturierungen

Als Umstrukturierungen qualifizieren die Beschlüsse über Fusionen oder diesen wirtschaftlich gleichkommenden Zusammenschlüssen sowie die Umwandlungen und die Spaltungen von Körperschaften des Privatrechts. Werden im Zusammenhang mit Umstrukturierungen Beteiligungsrechte neu geschaffen oder erhöht, so unterliegen diese Beteiligungsrechte gemäss Art. 6 Absatz 1 lit a^{bis} StG keiner Emissionsabgabe.

---

[34] Stockar Conrad, Übersicht und Fallbeispiele zu den Stempelabgaben und zur Verrechnungssteuer, Therwil/Basel, 2006, S. 46.

c) Mantelhandel

Als Mantelhandel wird der Handwechsel an Beteiligungsrechten an einer inländischen Gesellschaft oder Genossenschaft verstanden, deren Vermögen in liquide Form gebracht wurde. Die Gesellschaft ist faktisch oder formell in Liquidation. Der Handwechsel an einer in liquide Form gebrachten Gesellschaft wird steuerrechtlich wie eine Neubegründung von Beteiligungsrechten behandelt und unterliegt gemäss Art. 4 Absatz 2 lit. b StG der Emissionsabgabe.

Die Gesellschaft oder Genossenschaft ist nach Art. 10 StG im Umfang der begründeten oder erhöhten Beteiligungsrechte abgabepflichtig.

B Umsatzabgaben

Die Umsatzabgabe nach Art. 13 ff. StG ist beim Kauf und Verkauf von Unternehmen sowie bei der Begründung von Beteiligungsrechten an Beteiligungsgesellschaften oder Holdinggesellschaften zufolge Umstrukturierungen im Sinne von Art. 14 Absatz 1 lit a sowie lit. i und j StG nicht geschuldet.

C Mehrwertsteuer

a) Share-Deal

Der Kauf und Verkauf von Unternehmen im Rahmen eines Share-Deal sind zum Vornherein nicht Gegenstand der Mehrwertsteuer, da der Handwechsel der Beteiligungsrechte grundsätzlich von der Emissionsabgabe oder von der Umsatzabgabe gemäss StG erfasst, aber im Falle der Umsatzabgabe unter den Bedingungen von Art. 14 StG ausgenommen werden. Wie dargestellt, fällt im Übrigen die Emissionsabgabe nur bei Begründung von Beteiligungsrechten von mehr als einer Million Franken und beim Mantelhandel an. Gemäss Art. 21 Absatz 2 Ziffer 19 lit. e des Bundesgesetzes über die Mehrwertsteuer (Mehrwertsteuergesetz, MWSTG) ist der Share-Deal von der Mehrwertsteuer ausgenommen, da es sich um Umsätze von Wertpapieren, Wertrechten und Derivaten sowie von Anteilen an Gesellschaften und anderen Vereinigungen handelt.

b) Asset-Deal

Der Kauf und Verkauf von Unternehmen im Rahmen eines Asset-Deal qualifiziert bei Personengesellschaften gemäss Art. 19 Absatz 1 lit. a und b DBG (Übertragung von Vermögenswerten und Betrieben sowie Betriebsteilen) und bei juristischen Personen gemäss Art. 61 Absatz 1 lit. a, b und d DBG (Umwandlungen, Auf- oder Abspaltung von Betrieben oder Betriebsteilen, Übertragung von betrieblichem Anlagevermögen) als Umstrukturierung, weshalb über die damit verbundenen stillen Reserven bei Einhaltung der gesetzlichen Auflagen nicht abgerechnet wird. Art. 38 Absatz 1 lit. a MWSTG bezieht sich auf die vorgenannten Bestimmungen des DBG und mithin auf die Umstrukturierungstatbestände und lässt zu, dass diesfalls die steuerpflichtige Person ihre Abrechnungs- und Steuerentrichtungspflicht allein durch Meldung erfüllt. Die Meldung gilt nach Art. 38 Absatz 1 lit. b MWSTG für u.a. auch den Fall einer Umstrukturierung oder eines anderen im Fusionsgesetz vom 3. Oktober 2003 vorgesehenen Rechtsgeschäfts. Rechtsfolge der Meldung ist, dass nach Art. 38 Abs. 4 MWSTG der Käufer des Unternehmens für die übertragenen Vermögenswerte die Bemessungsgrundlagen des Verkäufers übernehmen muss.

§ 11 Erfüllung und Nichterfüllung

Auf den Kauf und Verkauf von Unternehmen sind grundsätzlich die allgemeinen kaufrechtlichen Bestimmungen nach Art. 184 ff. OR anwendbar. Darin werden die Folgen der Erfüllung bzw. insbesondere der Nichterfüllung von Verträgen auch betreffend die Übertragung von Beteiligungsrechten oder Aktiven und Verbindlichkeiten (Vermögensübertragungen) geregelt. Die mehrheitlich formalen Bestimmunen des FusG fokussieren demgegenüber auf den Rechtsschutz der Gläubiger, der Arbeitnehmer und der Minderheitsbeteiligten.

1. Verzug des Käufers

Der Käufer eines Unternehmens kommt mit der Kaufpreiszahlung in Verzug, wenn ihn der Verkäufer mahnt oder wenn für die Kaupreiszahlung ein bestimmter Verfalltag verabredet wurde. Die Verzugsfolgen richten sich nach Art. 103 ff. OR. Zu den Verzugsfolgen gehören insbesondere der gesetzliche Verzugszins von fünf vom Hundert sowie bei Verschulden Ersatz des weiteren Schadens, soweit dieser den Verzugszins übersteigt.

2. Verzug des Verkäufers

Der Verkäufer eines Unternehmens kommt mit der Übertragung der Beteiligungsrechte in Verzug, wenn ihn der Käufer durch Mahnung in Verzug setzt oder für die Übertragung der Beteiligungsrechte ein bestimmter Verfalltag verabredet wurde. Dieser Verzug des Verkäufers trifft übrigens regelmässig zwischen dem eigentlichen Vertragsschluss und dem Vollzug des Kaufvertrages (sogenanntes Closing) ein. Die Verzugsfolgen richten sich ebenfalls nach Art. 103 ff. OR, wobei gesetzlich kein Verzugszins geschuldet ist, da der Verkäufer nicht mit der Zahlung einer Geldschuld in Verzug ist.

3. Rechtsgewähr

Rechtsgewähr liegt vor, wenn der Verkäufer eines Unternehmens dem Käufer gemäss Art. 192 ff. OR dafür Gewähr zu leisten hat, dass zur Zeit des

Vertragsschlusses nicht Rechte Dritter am Kaufgegenstand bestanden und diese daher dem Käufer den Kaufgegenstand, hier die Beteiligungsrechte am verkauften Unternehmen, ganz oder teilweise entziehen können. Der Verkäufer ist von der Rechtsgewähr gegenüber dem Käufer gemäss Art. 192 Absatz 2 OR befreit, falls Letzterer die Rechte Dritter kannte und deshalb den Entzug des Kaufgegenstandes hinnehmen muss. Die Rechtsgewähr setzt voraus, dass der Käufer gutgläubig ist. Die Haftung des Verkäufers aus Rechtsgewähr setzt voraus, dass Dritte zum einen private Rechte geltend machen und zum anderen dem Käufer den Kaufgegenstand auch tatsächlich entziehen. Als private Rechte Dritter qualifizieren Eigentumsrechte oder beschränkt dingliche Rechte. Beschränkt dingliche Rechte im Sinne von Art. 730 ff. ZGB sind beispielsweise Baurechte und Nutzniessungsrechte. In Betracht kommen indes auch Immaterialgüterrechte (beispielsweise Patente) und obligatorische Rechte, soweit diese dinglich gesichert sind. Dazu gehören beispielsweise im Grundbuch vorgemerkte Miet- oder Vorkaufsrechte.

Wird die Kaufsache durch Beschränkungen öffentlich rechtlicher Art belastet, wie zum Beispiel Bauverbote oder Baubeschränkungen, so liegt nicht ein Rechtsmangel, sondern ein Sachmangel vor.

Die Rechtsgewähr entfällt jedenfalls immer dann, wenn der Käufer den Kaufgegenstand bösgläubig erwirbt, also von den Rechten Dritter vor dem Kauf Kenntnis hatte.

4. Sachgewähr

Die Sachgewähr ergibt sich aus Art. 197 OR. Danach haftet der Verkäufer dem Käufer sowohl für die zugesicherten Eigenschaften als auch dafür, dass die Kaufsache nicht körperliche oder rechtliche Mängel habe, die den Wert oder den vorausgesetzten Gebrauch aufheben oder vermindern. Zu unterscheiden ist beim Beteiligungskauf die Sachgewähr mit Bezug auf die Beteiligungsrechte wie beispielsweise die Aktien einerseits und mit Bezug auf das mittels der Beteiligungsrechte beherrschte Unternehmen andererseits.

Die kaufrechtliche Gewährleistung gilt grundsätzlich nur für den Sachkauf und nicht für den Rechtskauf. Die Gewährleistung für den Forderungskauf als Anwendungsfall für den Rechtskauf richtet sich nach den Spezialbestimmungen gemäss Art. 171 ff. OR. Die Abtretung von Forderungen oder auch Zession wird in Art. 164 ff. OR geregelt.

Auf den Unternehmenskauf sind indes die Bestimmungen zur Sachgewähr nach Art. 197 ff. OR anwendbar[35]. Der in der Praxis 6/2010, S. 442 ff. veröffentlichte Entscheid des Bundesgerichts vom 1. Mai 2009 zu Art. 197 ff. OR beschränkt beim blossen Aktienkauf und beim Kauf einer Minderheitsbeteiligung mit überwiegendem Anlagecharakter die Sachgewähr auf die Urkunde bzw. auf die Aktie selbst. Das dahinter stehende Unternehmen nimmt an der Sachgewähr nicht teil. Möglich ist in diesen Fällen indes die Irrtumsanfechtung. Ferner kommt die Sachgewähr beim Aktienkauf mit Bezug auf das dahinter stehende Unternehmen zu tragen, falls dem Käufer spezifische Eigenschaften des Unternehmens ausdrücklich zugesichert wurden. Um zugesicherte Eigenschaften handelt es sich beispielsweise, falls im Aktienkaufvertrag ein gewisser Ertrag oder ein minimal vorhandenes Eigenkapital des Unternehmens ausdrücklich zugesichert wurde. Diese vertraglich zugesicherten Eigenschaften des Unternehmens führen auch beim Aktienkauf zur Sachgewähr nach Art. 197 ff. OR.

Einen illustrativen Fall, in welchem im Kaufvertrag betreffend die Übertragung sämtlicher Aktien hinsichtlich des Wertes des Warenlagers keine expliziten Zusicherungen, sondern nach Ansicht des Bundesgerichts blosse Angaben seitens des Verkäufers festgehalten wurden, findet sich im Entscheid BGE 107 II 419 ff. Das Bundesgericht beschränkte die Bestimmungen zur Gewährleistung (Sachgewähr) gemäss Art. 197 ff. OR auf die Aktien und mithin die Beteiligungsrechte selbst und verweigerte deren Anwendung auf die Vermögenswerte der Gesellschaft. Immerhin lässt das Bundesgericht die alternative Anfechtung dieses Kaufvertrages durch den Käufer mit Hilfe der Irrtumsanfechtung gemäss Art. 23 ff. OR zu. Damit bestätigt das Bundesgericht seine ständige Rechtsprechung, wonach der Käufer bei unrichtiger Erfüllung des Verkäufers die Wahl hat, wegen Gewährleistung nach Art. 197 ff. OR zu klagen oder nach Art. 97 ff. OR Schadenersatz wegen Nichterfüllung zu verlangen oder ob er den Vertrag wegen eines Willensmangels im Sinne von Art. 23 ff. OR anfechten will. Der Käufer wird auf die alternativen Rechtsbehelfe wegen Nichterfüllung nach Art. 97 ff. OR oder wegen Willensmangel nach Art. 23 ff. OR in jenen Fällen zurückgreifen, in welchen die

---

[35] Basler Kommentar zu Art. 197 OR, RZ 1 und 4.

§ 11 Erfüllung und Nichterfüllung

Sachgewähr wegen verspäteter Mängelrüge verwirkt oder wegen nicht fristgerechter Klage verjährt ist.

Macht der Käufer eines Unternehmens bei Sachmangel Gewährleistung nach Art. 197 ff. OR geltend, so stehen ihm gleich dem Käufer von Fahrnis (bewegliche Sache) grundsätzlich dieselben zwei Möglichkeiten zu[36]:

a) Er kann gemäss Art. 205 Absatz 1 OR zum einen verlangen, dass der Kauf rückgängig gemacht wird (Wandelung).

b) Er kann zum anderen gemäss derselben Bestimmung Ersatz des Minderwertes verlangen (Minderung).

Im Falle der Wandelung kann er ausserdem vom Verkäufer Ersatz des Schadens verlangen, sofern Letzterer nicht den Beweis seines Unverschuldens erbringen kann (Art. 208 Absatz 3 OR).

Die Wahlmöglichkeit wird beim Unternehmenskauf indes insbesondere durch Art. 207 Absatz 3 OR eingeschränkt, wonach dem Käufer allein der Anspruch auf Ersatz des Minderwertes zusteht, falls er die Kaufsache weiter veräussert oder umgestaltet hat. Dies ist beim Unternehmenskauf mit Bezug auf das Umlaufvermögen und insbesondere hinsichtlich des Warenlagers häufig der Fall, weshalb insoweit nur die Minderung an den einzelnen Kaufsachen verlangt werden kann. Die Wandelung kommt beim Unternehmenskauf allein dort in Betracht, wo Teile des Anlagevermögens an einem Sachmangel leiden, die für den Betrieb des gesamten Unternehmens von zentraler Bedeutung sind[37]. Dem Richter steht es indes nach Art. 205 Absatz 2 OR frei, bei an sich zulässiger Wandelung bloss Ersatz des Minderwertes zuzusprechen, sofern eine Wandelung nach den konkreten Umständen im Ergebnis sachwidrig wäre.

Zum Schluss des kurzen Überblicks zur Sachgewähr sei darauf hingewiesen, dass der Kauf und Verkauf von Personengesellschaften den Regeln über den Forderungsverkauf (Zession) folgt. Die Beteiligungsrechte an Personengesellschaften qualifizieren als Forderungen. Die Abtretung von Forderungen ist in Art. 164 ff. OR geregelt. Nach Gesetz haftet der Verkäufer solcher Beteiligungsrechte allein für den Bestand der Forderung zur Zeit der entgelt-

---

[36] Tschäni Rudolf, Unternehmensübernahmen, S. 110 ff.
[37] Tschäni Rudolf, Unternehmensübernahmen, S. 111/112.

lichen Abtretung (sog. Verität) und nicht für die Werthaltigkeit der Forderung (sog. Bonität), es sei denn, er habe die Bonität ausdrücklich zugesichert. Diese Gesetzeslage ist beim Unternehmenskauf wenig sachgerecht, weshalb die Vertragsparteien zumindest aus Sicht des Käufers insbesondere die Gewährleistung ausdrücklich regeln, indem die Sachgewähr zu einzelnen Bilanzpositionen der Personengesellschaft im Vertrag spezifisch festgelegt wird.

5. Mängelrüge

Die Sachgewähr setzt voraus, dass der Käufer die Kaufsache nach dem üblichen Geschäftsgang baldmöglichst prüft und allfällige Mängel, für die der Verkäufer einzustehen hat, sofort rügt. Unterlässt der Käufer die baldmögliche Prüfung und sofortige Rüge eines Mangels, so gilt die gekaufte Sache als genehmigt. Die sofortige Rüge kann unterbleiben, sofern die Mängel bei übungsgemässer Untersuchung nicht erkennbar waren. Versteckte Mängel, die erst im Laufe der Zeit entdeckt werden, sind nach Entdeckung sofort zu rügen, widrigenfalls die Kaufsache trotz der versteckten Mängel als genehmigt gilt.

Der Verkäufer kann die Sachgewähr rechtsgültig wegbedingen oder beschränken. Eine solche Abrede zur Beschränkung oder Aufhebung der Gewährspflicht ist indes gemäss Art. 199 OR ungültig, falls der Verkäufer dem Käufer die Gewährsmängel arglistig verschwiegen hat.

Das Recht des Käufers zur Klage aus Gewährleistung wegen Mängel der Kaufsache verjährt gemäss Art. 210 OR mit Ablauf von zwei Jahren nach deren Ablieferung an den Käufer. Die gesetzliche zweijährige Verjährung gilt nicht, wenn sie durch Abrede verlängert wurde oder wenn dem Verkäufer eine absichtliche Täuschung nachgewiesen werden kann. Die rechtzeitig gerügten und spätestens innerhalb von zwei Jahren geltend gemachten Mängel entziehen sich der Verjährung.

Die strenge Prüfungs- und Rügepflicht des Käufers gilt nach Bundesgericht auch beim Unternehmenskauf, wiewohl die gesetzeskonforme Erfüllung dieser beiden Pflichten im Einzelfall erhebliche Schwierigkeiten bereiten kann[38].

6. Verjährung der Gewährleistung

Die Ansprüche aus Gewährleistung verjähren, wenn der Käufer die Mängel der Kaufsache zwar rechtzeitig geprüft und gerügt, aber seine Gewährleistungsansprüche nicht innerhalb von zwei Jahren (Art. 210 Abs. 1 OR) geltend gemacht hat. Der Eintritt der Verjährung kann nach Art. 134 OR gehemmt oder nach Art. 135 ff. OR unterbrochen werden. Die gehemmte Verjährung nimmt nach Wegfall des Hemmungsgrundes ihren Fortgang, wogegen die unterbrochene Verjährung neu zu laufen beginnt. Die Gründe der Hemmung oder auch Stillstandes der Verjährung sind in Art. 134 Absatz 1 im Einzelnen aufgeführt. Die Unterbrechung kann durch Anerkennung der Gewährleistung durch den Verkäufer auch konkludent oder durch Geltendmachung des Käufers mittels Betreibung oder Klage bewirkt werden. Gemäss Art. 210 Abs. 1 OR kann der Verkäufer eine Haftung auf längere Zeit übernehmen und damit den Käufer im Vergleich zur gesetzlichen Regelung besserstellen.

7. Verwirkung der Gewährleistung

Der Käufer, der die baldmögliche Prüfung der Kaufsache und die sofortige Rüge eines Sachmangels unterlässt, verwirkt dadurch seinen Anspruch auf Gewährleistung. Zufolge Verwirkung kann der Käufer seine Rechte auch nicht mehr auf dem Wege der Einrede der Verrechnung geltend machen.

---

[38] Basler Kommentar zu Art. 201 OR, RZ 3 und Tschäni Rudolf, M & A-Transaktionen nach Schweizer Recht, Zürich, Basel, Genf 2003, S. 160 RZ 59 ff.

§ 12 Kosten

Die Kosten des Unternehmensverkaufs respektive Unternehmenskaufs sind für beide Vertragsparteien beträchtlich. Sie können vereinfachend in interne und externe Kosten unterschieden werden. Die internen Kosten lassen sich kaum qualifizieren und quantifizieren, da für die entsprechenden Leistungen in der Regel keine Rechnungen gestellt werden. Für die externen Kosten empfiehlt sich eine sorgfältige Budgetierung und gute Auswahl der Berater mit entsprechender Kontrolle dieser in der Regel per Rechnung erhobenen Kosten.

1. Interne Kosten

Interne Kosten fallen beim Verkäufer für die Tätigkeiten ihrer Unternehmensleitung und verantwortlichen Mitarbeiter u.a. (a) für die Aufbereitung der Daten im Hinblick auf die Due Diligence, (b) für die Ausscheidung von betriebsnotwendigem und nicht betriebsnotwendigem Vermögen des Unternehmens, (c) für die Vertragsverhandlungen sowie (d) für die Dokumentation und Instruktion der zugezogenen externen Berater an.

Interne Kosten fallen beim Käufer für die Tätigkeit der Unternehmensleitung und verantwortlichen Mitarbeiter u.a. im Zusammenhang mit (a) der Due Diligence, (b) der strukturellen Einordnung des Kaufobjektes, (c) der Finanzierung des Kaufpreises sowie (d) für die Dokumentation und Instruktion der zugezogenen externen Berater an.

Erhebliche Kosten entstehen nicht selten im Zusammenhang mit der vertraglichen Bindung der Schlüsselmitarbeiter mit massgeblichem Know-how vorab in den Bereichen Technik, Forschung und Finanzen. Diese Mitarbeiter werden für die Zeit der Vertragsverhandlungen und oft auch noch für eine gewisse Zeit nach Vollzug des Unternehmenskaufs an das zu verkaufende Unternehmen gebunden. Die Bindung erfolgt über Treueprämien.

2. Externe Kosten

Beide Vertragsparteien müssen beim Kauf und Verkauf von Unternehmen oft mit externen Kosten für zugezogene Berater rechnen. Fachlich spezialisierte und qualifizierte Berater werden typischerweise für folgende Beratungsleistungen zugezogen: (a) Bewertung des Unternehmens als Mittel der Preisfindung, (b) Vertrags- und Strukturgestaltung und (c) steuerrechtliche Abklärungen. Im Einzelfall können spezifische Beratungsleistungen anfallen, wie beispielsweise die wirtschaftliche Beurteilung von gewerblichen Schutzrechten (Patente, Design etc.) durch ausgewiesene Fachkräfte. Die externen Kosten für Beratungsleistungen lassen sich eher budgetieren und kontrollieren. Sie sind anhand der gestellten Rechnungen ziemlich genau quantifizierbar.

Die extern zugezogenen Berater sind vertraglich zur Geheimhaltung aller ihnen zur Kenntnis gelangenden vertraulicher Daten zu verpflichten, sofern sie nicht ohnehin gesetzlich zur Geheimhaltung der anvertrauten geheimen Daten verpflichtet sind. Strafbar wegen Verletzung des gesetzlichen Berufsgeheimnisses sind gemäss Art. 321 StGB u.a. die Rechtsanwälte, die Notare und die gemäss Obligationenrecht zur Verschwiegenheit verpflichteten Revisoren mit all ihren Hilfspersonen.

Stichwortverzeichnis

Absichtserklärung (Letter of Intent) 36
Aktionärsbindungsvertrag 77
Asset-Deal 37
Begründung von Beteiligungsrechten 83
Beteiligungsrecht (Vermögens- und Mitwirkungsrecht) 43
Beteiligungsgesellschaft (Holdinggesellschaft) 65
Betriebsgesellschaft 63
Bewertung 23
Börsengesetz 73
BVG 50
culpa in contrahendo (Haftung aus Vertragsverhandlungen) 34
DCF-Methode 29
Change-of-Control-Klausel 48
Direkte Steuern 81
Due Diligence 23
Emissionsabgabe 83
Erbvertrag 79
Ertragswert 26
Finanzierungsverhältnis 56
Fortführungswert 24
Fusion 68
Genossenschaftsanteil 45
Geschäftsvermögen 21
Goodwill (oder Geschäftsmehrwert) 30
Indirekte Steuern 82
Inhaberaktie 43
Insiderhandel 73
Kapitalisierungszinssatz 26
Kartellgesetz 72

Stichwortverzeichnis

Kaufrecht 78
KMU (Klein- und Mittelunternehmen) 17
Konkurrenzverbot 79
Kosten (interne und externe) 92
Mehrwertsteuer 84
Mittelwertmethode 25
Liquidationswert 25
Management Buy-out (MBO) 53
Mantelhandel 84
Mängelrüge 90
Minderung 89
Namenaktie 44
Personengesellschaften 46
Praktikermethode 25
Privatvermögen 21
Rechtsgewähr 86
Sachgewähr 87
Share-Deal 43
Stammanteile (GmbH) 44
stille Reserven 38
Substanzwert 20
Teilliquidationstheorie 57
Transponierungstheorie 59
Umsatzabgaben 84
Umstrukturierungen 83
Ungetreue Geschäftsbesorgung 67
Verjährung der Gewährleistung 91
Vermögen betriebsnotwendig 20
Vermögen nicht betriebsnotwendig 20
Verwirkung der Gewährleistung 91
Verzug des Käufers 86
Verzug des Verkäufers 86

Vinkulierung 75
Vorhandrecht 78
Vorkaufsrecht 78
Wandelung 89